LORRAINE

Sarrebourg
Baccarat

13ᵉ CORPS D'ARMÉE

VERDUN

Fort de Vaux
Côte 304
Beaumont

86ᵉ RÉGIMENT D'INFANTERIE

HISTORIQUE

DES OPÉRATIONS

PENDANT LA GUERRE

DE

1914-1918

CHAMPAGNE

Monthois
Vouziers
Vandy

SOMME

Vermandovillers
Ablaincourt

MARNE

Olizy
Anthenay
Pourcy

LE PUY. — IMP. PEYRILLER, ROUCHON & GAMON

HISTORIQUE

DU

86ᵉ RÉGIMENT D'INFANTERIE

13ᵉ CORPS D'ARMÉE

86ᵉ RÉGIMENT D'INFANTERIE

HISTORIQUE

DES OPÉRATIONS

PENDANT LA GUERRE

DE

1914-1918

LE PUY. — IMP. PEYRILLER, ROUCHON & GAMON

LE 86ᵉ RÉGIMENT D'INFANTERIE

AVANT LA GRANDE GUERRE

Il faudrait remonter bien loin dans l'histoire pour retrouver l'origine du 86ᵉ R. I.

Dès 1689, on le trouve, portant le nom de son colonel M. de Courten.

En 1745, il prend une belle part à la bataille de Fontenoy où « il essuie à 50 pas, sans broncher, le feu des Anglais ».

C'est en 1791, qu'il apparaît sous le nº 86 ; en 1794, il s'appelle 86ᵉ demi-brigade (1ʳᵉ formation) ; puis en 1796, c'est la 86ᵉ demi-brigade (2ᵉ formation), et en 1803, c'est le 86ᵉ Régiment d'Infanterie.

En 1802, il fait partie de l'expédition de Saint-Domingue ; en 1807, il est au Portugal et entre à Lisbonne le 2 décembre.

En 1813, il prend part à la campagne d'Espagne, et le général Foy écrit « Le 86ᵉ a tenu une conduite au-dessus de tout éloge ».

En 1814, il participe à la bataille glorieuse de Toulouse.

Cette même année le 2ᵉ bataillon est à Dresde, il fait 2.500 prisonniers et prend 150 voitures. Le 86ᵉ prend part à la campagne de France.

En 1815, il combat à Ligny.

Il disparaît à Waterloo. Le 2ᵉ Léger continue alors ses traditions glorieuses.

En 1784, le 2ᵉ Léger s'appelait 2ᵉ Chasseurs des-Ardennes.

En 1794, il forme demi-brigade légère. En 1796, il est sous les ordres de Masséna en Italie ; et ses carabiniers se distinguent à Lodi où ils vont tuer les canonniers autrichiens sur leurs pièces. A la Corona, il résiste, à lui seul, à la division Wurmser (8.000 hommes et 14 pièces). A Lonato, il charge une colonne autrichienne, fait 4.000 prisonniers, prend 2 canons. Il pénètre le premier dans le Tyrol.

En raison de sa brillante conduite, Bonaparte l'autorise à inscrire sur son drapeau « Passage du Tyrol », et passant devant les carabiniers du régiment, il leur dit : « Vous valez à vous seuls 3.000 hommes. »

En 1798, le Régiment est à Mayence, il se distingue en 1800 sous les ordres d'Augereau.

En 1802, il fait partie de l'armée de Saint-Domingue.

En 1811-12, c'est le 2ᵉ Régiment d'infanterie légère ; il est sous les ordres d'Oudinot, fait la campagne de Russie et se distingue à la Bérésina en 1812.

En 1813, à Dresde il s'empare du village de Gossa, défendu par le prince de Wurtemberg, le 16 octobre. Le 19, il est à Leipzig.

Il fait la campagne de France en 1814, et se fait remarquer à Ligny en 1815.

En 1832, le 2ᵉ Régiment d'infanterie légère est à Anvers.

En 1850, il est en Afrique où il se distingue jusqu'en 1859. Son dévouement le fait citer pendant l'épidémie de choléra de Tlemcen.

En 1855, il part en Crimée, et le 2ᵉ léger prend le n° de 86ᵉ Régiment d'infanterie de ligne dès son arrivée, en janvier. Canrobert le félicite et lui dit « le 86ᵉ à soutenu sa belle réputation ».

La prise du Mamelon Vert est un des plus beaux faits d'armes du 86ᵉ R. I. qui conquiert le droit d'inscrire « Sébastopol » sur son drapeau. A la prise de cette ville, son drapeau flotte un des premiers sur les retranchements,

En 1859, le 86ᵉ se couvre de gloire à Magenta et à Solferino.

En 1870, il fait partie du 5ᵉ Corps. Il combat à Sarrebruck et à Froeschviller. Il laisse son 2ᵉ bataillon pour défendre Bitche. Cette fraction, après avoir soutenu glorieusement le siège jusqu'à la paix, a obtenu les honneurs de la guerre. Les deux autres bataillons font des efforts héroïques pour arrêter l'ennemi à Beaumont.

Ils prennent part à la bataille de Sedan et sont livrés à l'ennemi lors de la capitulation de cette place.

En 1881, le 2ᵉ bataillon prend part à l'expédition du Sud-Oranais.

Le 86ᵉ a inscrit alors sur son drapeau les noms suivants :

1796 — Lodi.

1797 — Passage du Tyrol.

1813 — Dresde.

1855-56 — Sébastopol.

Ce beau Régiment, fier de son passé, n'attend que le jour du danger pour prouver que ses enfants sont les dignes émules des braves grenadiers du 2ᵉ Léger, qui avaient su se faire remarquer par Bonaparte lui-même.

Il va donner la mesure de sa valeur pendant la grande épopée qui commence en août 1914.

LA MOBILISATION — LA CONCENTRATION

Lorsque, le 2 Août 1914, la tragique réalité de la mobilisation surgit brutalement, on ne croyait pas encore à la guerre. Beaucoup s'accrochaient encore à l'invraisemblable:

Les manifestations de tension nerveuse, de trépidation morale de ces heures, resteront gravées dans les esprits.

Du 2 au 5 août 1914, le 86ᵉ Régiment d'Infanterie, sous les ordres du Colonel Couturaud, se prépare activement au départ. Les braves montagnards de la Haute-Loire et du Cantal qui constituent le Régiment, accourent, gais, confiants, pleins de certitude en la victoire, prendre leur place dans les rangs.

C'est le 5 août au soir que, successivement, les trois bataillons traversant Le Puy, pour se rendre de la caserne à la gare. — Malgré une pluie torrentielle, les habitants sont venus nombreux, enthousiastes, saluer les braves, les fleurir, les ovationner longuement et avec ferveur.

Le souvenir de ce départ, par ce soir inclément d'août, restera longtemps dans la mémoire de ceux qui ont vécu ces heures d'adieu, de crainte et d'espoir.

Par trois trains, le régiment quitte le Puy en chantant. Le voyage fut long, mais ne diminua pas l'enthousiasme. Aux gares, les populations offraient des boissons, des gourmandises, des fleurs, à ceux qui allaient vers la bataille, vers la gloire, et beaucoup, hélas, vers la mort.

Chacun d'ailleurs s'illusionnait, croyant partir pour quelques semaines, quelques mois au plus, pour la bataille unique et finale.

Le Régiment débarque à Darnieulles, 8 kilomètres à l'Ouest d'Epinal. C'est dans cette zone que se concentra la 25ᵉ division.

— Le 86ᵉ constitue alors, avec le 38ᵉ Régiment d'Infanterie, la 49ᵉ brigade.

En attendant que toutes les unités soient prêtes à partir vers la frontière, le régiment cantonne dans la région de Dompaire, Madonne et Damas, à une dizaine de kilomètres à l'ouest de la gare de débarquement.

Là, les derniers préparatifs sont poussés activement. Le 9 août la concentration est terminée. Le 86ᵉ fait partie de la 1ʳᵉ armée, sous les ordres du Général Dubail.

L'encadrement du 86ᵉ Régiment d'Infanterie en officiers est le suivant :

ÉTAT-MAJOR

Colonel COUTURAUD.
Lieutenant-colonel BARRAL.
Capitaine MOREL, adjoint au colonel.
Lieutenant GUIGUET, officier des détails.
Lieutenant GOMOT, officier d'approvisionnement.
Lieutenant BERTHOMIER, officier téléphoniste.
Lieutenant REYNAUD, porte-drapeau.
Médecin-major CANEL, chef de service.
Chef de musique RICHER.
Lieutenant DENTZ, à la disposition du colonel.

1ᵉʳ Bataillon. Chef de bataillon FENETRE.
Lieutenant PANTALACCI, commandant la section de mitrailleuses.
Médecin aide-major THEODAT.

1ʳᵉ Compagnie. Capitaine GUICHARD.
Sous-lieutenant DOMINIÈRE.
Sous-lieutenant ENGLE.
Sous-lieutenant BELAUBRE.

2ᵉ Compagnie. Capitaine SOUQUES.
Lieutenant AUSSEDAT.
Sous-lieutenant DE CHENERILLES.
Sous-lieutenant CRESPE.

3ᵉ Compagnie. Capitaine GIRARDET.
Lieutenant CORNUT.
Sous-lieutenant ROLLAND.

4ᵉ Compagnie. Capitaine BLANCHARD.
Sous-lieutenant GARNIER,
Sous-lieutenant ELIE.

2ᵉ Bataillon.   Chef de bataillon OLIGSCHLAGER.
Lieutenant MENGAILHOU, commandant la section de
    mitrailleuses.
Médecin aide-major NENON.
5ᵉ Compagnie.   Capitaine DE SENGLA.
Lieutenant HERMANT.
Lieutenant GAZAN.
Sous-lieutenant DUCLOS.
6ᵉ Compagnie.   Capitaine DEGOUTIN.
Lieutenant MAGNIN.
Lieutenant SAYN.
Sous-lieutenant BONNET.
7ᵉ Compagnie.   Capitaine DORNE.
Sous-lieutenant SORBIER.
Sous-lieutenant CAMISOLLE.
8ᵉ Compagnie.   Capitaine CHAUMETON.
Lieutenant CAILLET.
Lieutenant GROSCOLAS.

3ᵉ Bataillon.   Chef de bataillon DE SIGOYER.
Lieutenant BASSET, commandant la section de mitrai-
    leuses.
Médecin aide-major ROUSSET.
9ᵉ Compagnie.   Capitaine BAUDELIN.
Lieutenant JUILLET.
Sous-lieutenant GUILLET.
Sous-lieutenant DEGUIN.
10ᵉ Compagnie. Capitaine PICHON.
Lieutenant CHAILIER.
Sous-lieutenant FREYDERE.
Sous-lieutenant GROS.
11ᵉ Compagnie. Capitaine TONDEUR.
Lieutenant SOUBRIER.
Lieutenant GABRIEL.
Sous-lieutenant COUSSERAN.
12ᵉ Compagnie. Lieutenant DEVILLERS.
Sous-lieutenant GOBILLOT.

LA CAMPAGNE DE LORRAINE

I. — ANCERVILLER

Le 10 août au matin, la Division est prête à marcher.

C'est par une chaleur torride que s'effectue la première étape vers la frontière. Le Régiment, s'achemine vers le nord-est, traverse la Moselle et le canal de l'Est à Thaon-les-Vosges, et vient cantonner dans la région de Domevre-sur-Durbion et Badmenil-aux-Bois (15 kilomètres au nord d'Epinal), après une marche extrêmement pénible.

Le 11 août, c'est la deuxième étape, moins longue et moins dure que celle de la veille. Le Régiment cantonne dans la région de Padoux et Bult (8 kilomètres S.-O. de Rambervillers).

Le 12 août, une troisième et rapide étape amène le Régiment dans cette dernière ville. Ceux qui étaient là se rappelleront l'accueil qui les attendait. Ce fut une vraie débauche de gâteries de toutes sortes.

C'est par ce soir du 12 août que les premières impressions de la bataille sont révélées au 86e. Les premiers blessés des combats récents arrivent par groupes. Ceux qui ne peuvent marcher, sont transportés sur des chariots lorrains. Sous les pansements sanglants, ils racontent leur premier combat. Ce sont des hommes du 17e régiment d'infanterie et du 17e bataillon de chasseurs.

Leurs yeux enfiévrés luisent d'un singulier éclat de confiance. Ils narrent avec quel impétueux élan ils se sont jetés sur l'ennemi, dans la région de Pexonne. Ils sont confiants, et demandent à guérir rapidement pour reprendre leur place, et se venger. L'enthousiasme continue et maintient très haut la confiance dans les cœurs.

Le 13 août, le Régiment effectue une dure et très longue étape.
Il arrive dans la vallée de la Meurthe, qu'il traverse à Baccarat,
et continue vers le N.-E. jusqu'à Mervillers. C'est dans cette
région que le 86e stationne en avant-postes, devant les villages
de Pexonne, Saint-Maurice, Saint-Pôle, Montigny, Vaxainville.
Au-delà de ces villages, on aperçoit l'ennemi qui travaille activement à l'organisation des crêtes et des bois.

Le 15 août, la marche en avant est reprise. A partir de Monti-

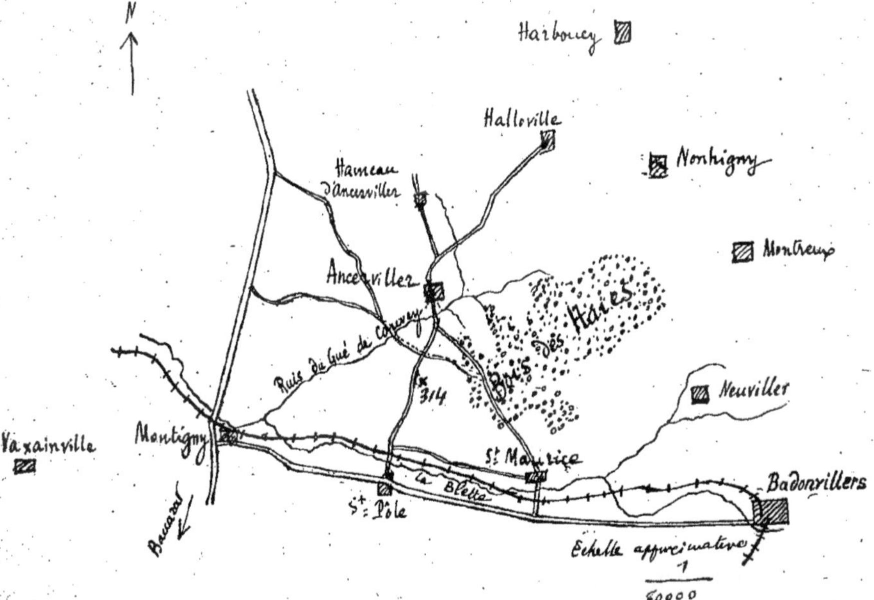

gny, le Régiment prend une formation d'approche pour se porter, à l'attaque des crêtes au sud d'Ancerviller (côte 314), et du
bois des Haies, à l'Est de ce village. Dès que les éléments de tête
arrivent à la côte 314 (3e Bataillon) ils sont soumis au feu de l'artillerie ennemie. Nos hommes se montrent, dès ce premier contact avec la bataille, avec leurs belles qualités de discipline et de
sang-froid. C'est comme à la manœuvre que les Compagnies se
portent en avant ; chaque section reste à sa place, se couche sous
les rafales, repart, et la marche vers les objectifs assignés s'effectue sans arrêt.

La côte 314 est occupée, et bientôt, sans souci des feux de l'artillerie allemande, le bois des Haies est atteint. L'ennemi n'a que le temps d'atteler ses canons, et de se retirer en hâte vers le nord-est.

Dès cette première journée, nos pertes sont pénibles, particulièrement au 3ᵉ bataillon. Mais nos hommes ont montré un tel entrain, une telle volonté, appuyée par une belle discipline du combat, que la confiance grandit encore. Le soir, le régiment stationne sur le terrain conquis, au nord-est d'Ancerviller. Au loin, de sinistres et grandes lueurs d'incendie jalonnent les petits villages de Montigny, Harbouey, etc., que dans sa rage haineuse, l'ennemi brûle, anéantit, puisqu'il ne peut les conserver.

II. — SARREBOURG

Dès le 15 août, le 86ᵉ reprend sa marche vers le nord-est. La frontière n'est plus qu'à une quinzaine de kilomètres.

Cirey-sur-Vezouse est traversé, et le soir, les éléments de tête du régiment (3ᵉ bataillon) sont à Bertrambois, le dernier village français à quelques centaines de mètres de la frontière. Le régiment stationne, partie dans ce village, partie dans les bois au sud. Il pleut sans arrêt. Les hommes sont mouillés, transis de froid. De grands feux de bivouac aident à passer cette nuit.

Dès les premières lueurs du jour, le 16 août, nous reprenons la marche.

A la frontière, qui longe le bois des Harcholins, les derniers cavaliers ennemis se montrent timidement. Mais ils ne sauraient constituer un obstacle. La tête du régiment va de l'avant; l'ennemi a fui, lorsque la frontière est atteinte à 800 mètres au nord-est de Bertrambois. Quelle émotion profonde et sacrée, que celle que ressentent alors nos troupiers! De bonne heure, le matin nous foulons le sol ennemi, la forêt est traversée rapidement. Niderhoff (sur la Sarre Blanche), le premier village allemand est occupé. Le soir, tout le régiment est en pays ennemi, soit dans Niderhoff, soit dans les bois au sud.

Le 17 août, le régiment exécute divers déplacements, au nord, vers Lorquin et la Neuveville-les-Lorquin, et stationne dans cette région.

Le 18, il exécute un nouveau bond en avant, traverse la Sarre Rouge, et arrive à Nitting où il stationne.

Des forces ennemies sont signalées à quelques kilomètres vers
le nord, au sud de Sarrebourg. L'organisation du terrain est alors

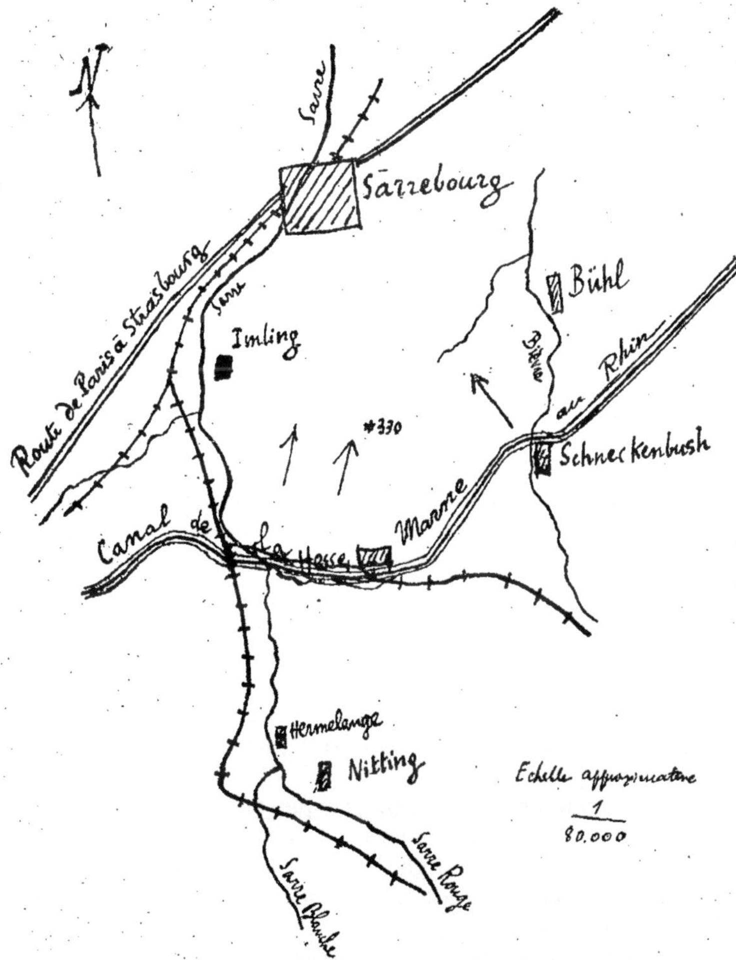

commencée au nord de Nitting, pendant la journée du 19, puis
dans la matinée du 20 août.

Le 20 août, le 86ᵉ occupe ses emplacements d'attente au nord
de Nitting. Depuis le matin le combat a été engagé. Les obusiers

ennemis de 210 se sont révélés. Les bruits de la bataille nous arrivent et nous annoncent notre entrée prochaine dans la mêlée.

Le régiment est engagé assez tard l'après-midi. Les 1ᵉʳ et 3ᵉ bataillons reçoivent les premiers l'ordre de marcher, le 2ᵉ reste provisoirement en réserve.

L'objectif des deux premiers bataillons engagés est le mouvement du terrain, jalonné par la côte 330, à 1500 mètres au nord du village de Hesse, à 4 kilomètres au sud de Sarrebourg. Le 2ᵉ bataillon est engagé peu après au nord de Schneckenbusch.

Le canal de la Marne au Rhin est franchi rapidement, malgré le tir violent de l'artillerie lourde ennemie, qui en bat tous les ponts, particulièrement celui de la sortie nord de Schneckenbusch.

Dès que le canal est franchi, les bataillons se trouvent sous le feu de l'artillerie, de l'infanterie et des mitrailleuses ennemies. Le dispositif d'attaque est pris, les déplacements sont exécutés comme à la manœuvre.

Les lignes de tirailleurs sont parfaitement en ordre. Elles courent, bondissent, se recouchent et repartent au commandement des chefs, restant alignées de façon remarquable.

La nuit arriva bientôt. Et les vagues de tirailleurs, mettant baïonnette au canon, continuèrent leur charge, se jetant sans aucune hésitation, dans la titanesque fournaise, vers les espaces de la mort, où s'entrechoquaient les plus cruelles volontés.

L'infanterie ennemie, abritée dans des tranchées bétonnées, exécute des feux extrêmement meurtriers, sur un terrain connu et repéré. Beaucoup des nôtres tombent. La ligne ne s'arrête pas.

Mais bientôt l'avance devient impossible, malgré les héroïsmes les plus magnifiques.

Ici, c'est le capitaine PICHON qui, presque au début de l'action, « s'est élancé dans un élan superbe, à la tête de sa compagnie déployée, entraînant toute la ligne sous une grêle de projectiles », et qui tombe mortellement atteint de plusieurs blessures. Il est cité à l'ordre de l'armée.

Là, c'est le capitaine DEGOUTIN qui, « a entraîné sa compagnie au pas de course, sous une grêle de projectiles, jusque sur les retranchements ennemis, où il est tombé glorieusement, percé de coups de baïonnettes ». Sa conduite héroïque lui vaut une citation à l'ordre de l'armée.

Puis, c'est le soldat THIOLAS, de la 5ᵉ compagnie, qui donne le plus admirable exemple. Sa section est arrivée par bonds successifs jusqu'à 150 mètres des positions allemandes. Elle est alors arrêtée par un feu violent de l'ennemi, ne peut plus repartir et reste terrée. Alors, Thiolas se lève et, seul debout au milieu de ses camarades couchés, exécute à son commandement les mouvements de « l'arme sur l'épaule » « présentez arme » « reposez arme ». Il se recouche, recommence à tirer et réussit à entraîner sa section dans un nouveau bond. Cet héroïsme magnifique valut à Thiolas, une citation à l'ordre de l'armée.

Jusqu'à une heure avancée de la nuit, le régiment combat ; mais il ne peut réussir à enlever les formidables organisations qu'il attaque. Il reste sur ses emplacements. Le lendemain matin alors que l'ouragan de plomb déchaîné par l'artillerie lourde ennemie annonça le jour, le régiment reçut l'ordre de se replier.

La douloureuse retraite de Lorraine commençait.

950 hommes et 25 officiers du 86e régiment d'infanterie restaient sur le champ de bataille de Sarrebourg.

III. — BACCARAT

Le 21 août, au matin, le 86e est un peu dispersé dans la région de Nitting. Mais chacun des groupes est ordonné, commandé. Le groupe principal se porte au nord du village, face au nord, face à l'ennemi qui bombarde la région à l'aide de ses monstrueux mortiers de 210. Ce n'est qu'assez tard, dans la matinée que la retraite commence, parfaitement ordonnée. Par un premier mouvement le régiment vient dans la région de La Neuveville-les-Lorquin, qui est mis en état de défense.

Vers le soir, le mouvement de retraite est repris. Le régiment refait vers le sud, avec la rage au cœur, le chemin qu'il a parcouru quelques jours avant, alors que la plus belle confiance animait chacun des braves, qui marchaient à l'ennemi. La frontière est franchie. C'est le sol de la patrie qui va être dorénavant le terrain des âpres combats, futurs et prochains. Bertrambois, Cirey sont rapidement traversés. Le 21 au soir, le régiment stationne dans la région ouest et S. O. de Cirey.

Dès le 22, de bonne heure, les bataillons se regroupent, se reforment. Le commandement des unités est assuré. Et c'est encore la marche vers le sud-ouest qui reprend triste pénible. Le ravitaillement est difficile. Des unités resteront plusieurs jours sans être ravitaillées. On revoit les villages anéantis : Harbouey, Nonhigny, Ancerviller. Le soir le 86ᵉ s'établit, face au nord, sur la ligne Montigny, Saint-Pôle-Saint-Maurice.

Le mouvement de retraite recommence le 23 août. Le régiment arrive ce jour-là sur la Meurthe, à Baccarat, et stationne au sud de cette rivière, en tenant Baccarat et les hauteurs sud de Glonville.

Le 24 août, le 86ᵉ reste sur ces mêmes positions durant tout le jour. Vers le soir, il reprend son mouvement de retraite vers le sud. Les bataillons restent toujours parfaitement commandés. Pour reprendre la route de Rambervillers, les unités doivent passer à Baccarat où elles arrivent en partie par l'ouest. Le colonel COUTURAUD, le lieutenant-colonel BARRAL sont là, surveillant et dirigeant le mouvement, au point le plus dangereux, au carrefour de la sortie ouest de la ville, point battu sans arrêt par l'artillerie ennemie. C'est en ce point, que le lieutenant-colonel BARRAL est atteint mortellement, ainsi que le médecin-major CANEL. Tous deux sont cités à l'ordre de l'armée. Le capitaine MOREL adjoint au colonel, est blessé. Beaucoup des braves sont tués ou blessés. Le mouvement continue.

Le 24 au soir, le régiment en entier est en retraite sur Rambervillers. Mais à quelques kilomètres, le mouvement est arrêté. Le 86ᵉ reçoit alors l'ordre d'attaquer Baccarat le 25 au petit jour, par surprise.

Le 25 août, à trois heures, les dispositions d'attaque sont prises. Le régiment se met en route et arrive aux abords de Baccarat.

L'attaque est déclanchée sans bruit ; sans un coup de fusil, sans un coup de canon ; c'est l'attaque par surprise, à la baïonnette. Très rapidement, les fractions de tête (3ᵉ bataillon) atteignent et passent, à la baïonnette, les sentinelles ennemies placées aux issues de la ville ; la sentinelle placée devant la mairie subit le même sort. L'alerte n'est pas encore donnée.

La colonne principale d'attaque, atteint le pont sur la Meurthe, et s'y engage sans hésitation. C'est alors que l'ennemi est averti. La lutte dès rues s'engage aussitôt, violente, acharnée, sanglante.

Nos soldats sont tués, à bout portant, par des coups de feu tirés des fenêtres des maisons et des soupiraux des caves. Ils continuent à lutter, assiégeant, puis se lançant à l'assaut de chaque maison. De nombreux ennemis sont tués. Mais le but principal de l'attaque est d'enlever la ville, de reprendre pied

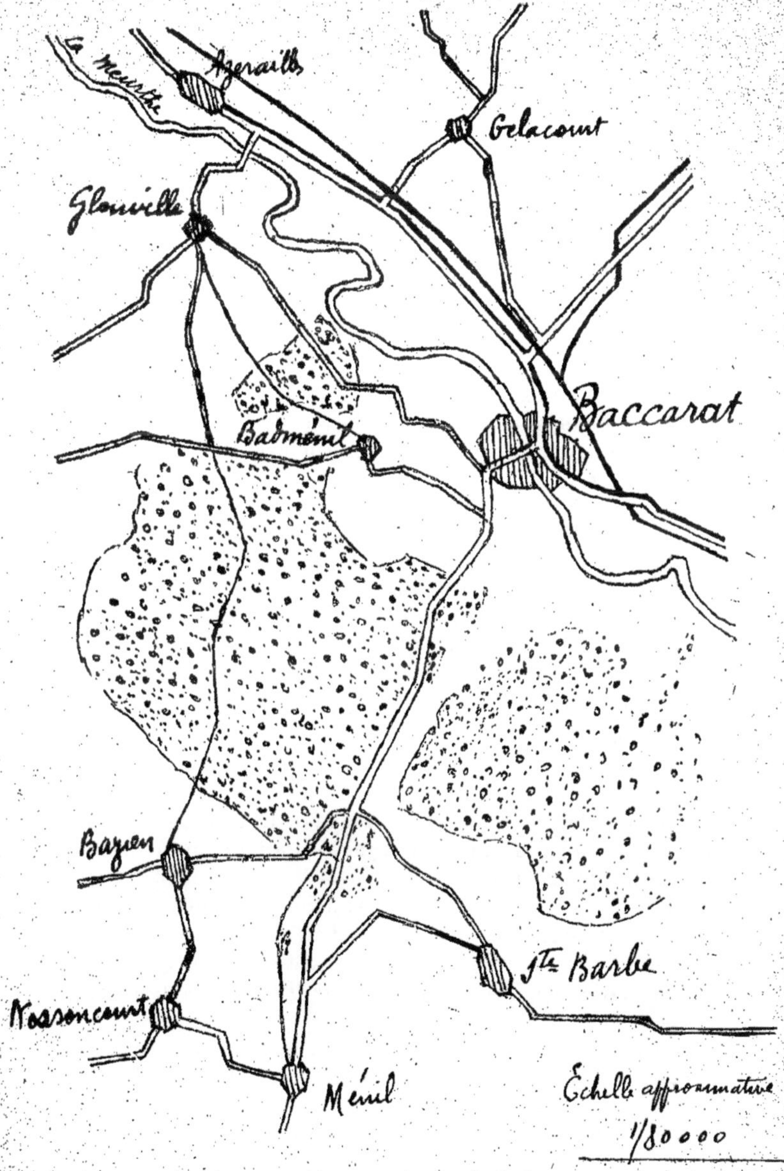
La Meurthe
Azerailles
Gelacourt
Glonville
Baccarat
Badménil
Bazien
Ste Barbe
Xassoncourt
Ménil
Échelle approximative
1/80000

sur la rive droite de la Meurthe. Pour cela, il faut franchir le pont, qui est effroyablement battu par des mitrailleuses allemandes qui le prennent d'enfilade. Les compagnies s'y engagent résolument. Certaines fractions parviennent, à traverser la rivière. Mais les mitrailleuses fauchent sans arrêt, et bientôt, pas un homme ne peut faire un mètre sur le pont sans être abattu. Ceux des nôtres qui ont réussi à atteindre la rive ennemie, sont presque tous tués ou faits prisonniers. Beaucoup d'entre eux, cependant, se jettent bravement à l'eau et parviennent à regagner notre rive. Un certain nombre, blessés, se noient dans cette héroïque tentative d'échapper à l'ennemi.

Dans cette affreuse lutte, les actes de bravoure nombreux seront à citer.

Le capitaine TONDEUR, qui commande le 3e bataillon, en l'absence du commandant DE SIGOYER blessé devant Sarrebourg, tombe glorieusement en entraînant ses compagnies ; il est cité à l'ordre de l'armée.

Le lieutenant MAGNIN, remplaçant le capitaine DEGOUTIN tué à Sarrebourg, tombe sur le pont, mortellement atteint, à la tête de sa compagnie (citation à l'ordre de l'armée). C'est ensuite le capitaine SOUQUES qui subit le même sort glorieux. Le soldat THIOLAS, un brave de Sarrebourg, veut entraîner ses camarades, il tombe à son tour, mortellement atteint. Il n'est pas possible de citer tous les actes d'obscur héroïsme, dont cet épisode de guerre fut si riche. Le commandant FENETRE est blessé, le capitaine DORNE est blessé, avec de nombreux autres braves.

Le régiment organise alors la défense des quartiers de la ville qu'il occupe. Des barricades sont hâtivement construites pour assurer la résistance au cours de laquelle le chef de bataillon OLIGSCHLAGER, toujours au premier rang, est atteint mortellement (cité à l'ordre de l'armée).

Mais bientôt la résistance devient impossible. Il faut évacuer la ville sous des feux très meurtriers d'artillerie et d'infanterie. Cette opération, excessivement difficile, est dirigée avec un superbe sang-froid par le colonel COUTURAUD, par les lieutenants CAILLET et BASSET.

Durant toute cette journée du 25 août, le combat continue au sud-ouest de Baccarat, dans la région de Sainte-Barbe et Bazien.

De nombreux actes de sacrifices sont accomplis.

C'est le lieutenant BASSET qui fait preuve de la plus grande énergie et d'un parfait mépris du danger, qui tombe mortelle-ment atteint, près de Sainte-Barbe (citation à l'ordre de l'armée).

C'est le brave colonel COUTURAUD qui, « après s'être vaillamment comporté, à l'attaque de Baccarat, a rallié les éléments de son régiment, les a entraînés personnellement à l'attaque du village de Bazien, sous un feu violent d'artillerie et de mousqueterie. Il est atteint au cours de cette attaque de cinq blessures auxquelles il succombe le 10 septembre ». (Cité à l'ordre de l'armée).

Cette terrible journée du 25 août, la journée de Baccarat, fut extrêmement meurtrière ; plus d'un millier d'hommes et 24 offi-ciers restaient dans cette région au souvenir sinistre, dans ce coin de terre lorraine qui restera pour tous ceux qui ont vécu ces heures de combat ardent un souvenir d'enfer et de mort.

Le 25 au soir, les éléments épars du régiment se regroupent dans la région de Rambervillers. Mais c'était là le terme de notre mouvement de retraite, la limite extrême du repli de l'armée de Lorraine. Il faut faire tête à l'ennemi.

La 1ʳᵉ armée doit arrêter, coûte que coûte, l'armée allemande pour permettre aux autres armées françaises de se regrouper, de faire face à l'ennemi. C'est la belle victoire de la Marne qui se prépare et qui nécessite une première victoire sur la Mortagne.

Le 86ᵉ régiment d'infanterie prendra une large et glorieuse place dans cette bataille qui s'engagera dès le lendemain 26 août.

IV. — LA BATAILLE DE LA MORTAGNE

Le 26 août, au matin, le 86ᵉ ne comprend plus que 750 hommes environ avec 7 officiers. Deux groupes principaux sont formés : l'un sous les ordres du capitaine CHAUMETON, fort de 200 hommes, l'autre de 350 hommes avec le capitaine BLANCHARD.

Ces débris du brave régiment ne resteront pas inactifs et inu-tiles. Ils vont reprendre le combat sans délai.

Dès midi, le premier de ces groupes est rassemblé vers la sortie nord-ouest de Rambervillers. Il va immédiatement reprendre place dans la bataille, en se portant à l'attaque de Roville-aux-Chênes, petit village sur la rive droite de la Mortagne, à 7 kilo-mètres au nord-ouest de Rambervillers.

Il se met de suite en marche, en prenant son dispositif d'attaque. Très vite il arrive au contact de l'ennemi qui occupe fortement les

hauteurs sud de Xaffévillers et Doncières, puissantes organisations jalonnées par les bois de la Grande Pucelle et de la Petite
Pucelle. Le village de Roville est vivement emporté après un
rapide combat d'infanterie. Les braves du 86ᵉ ont retrouvé la
superbe ardeur offensive qu'ils ont montrée à Sarrebourg et à
Baccarat, et ils s'élancent à l'assaut des deux bois de la Pucelle.

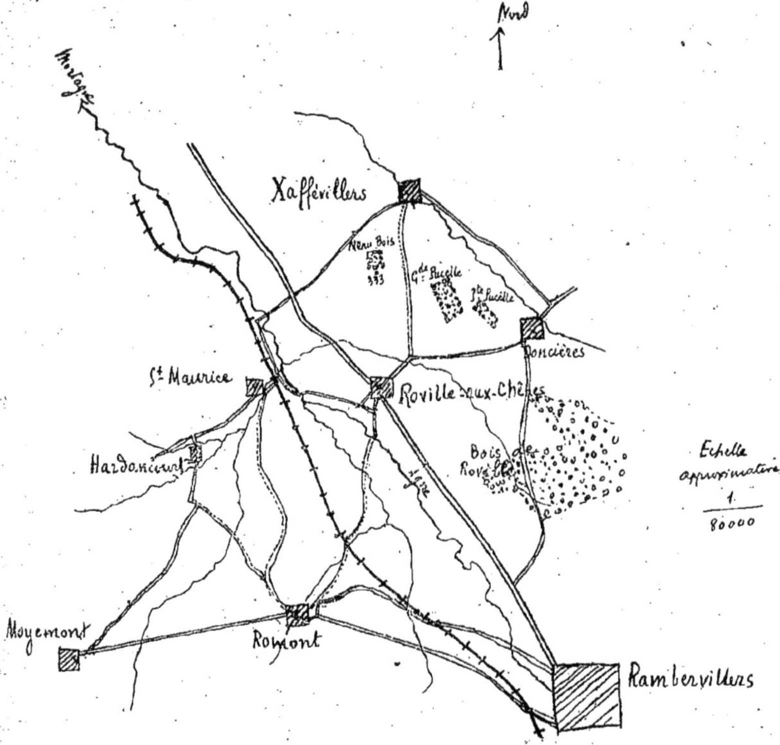

Mais ces bois sont organisés puissamment et défendus avec énergie. Le régiment ne peut les enlever, et reste, en avant-postes, à
quelques centaines de mètres au sud des lisières.

Dorénavant, l'ennemi restera fixé en ce point, jusqu'à ce qu'il
en soit chassé en septembre.

Le 27 août, le régiment reste sur ses positions, où les deux
groupes formés, le soir de la journée de Baccarat, sont rassem-
blés.

Pendant les journées qui suivent, il est soumis à de violents feux de l'artillerie lourde ennemie. Mais il conserve avec une héroïque ténacité le terrain récemment arraché à l'ennemi.

Du 28 août au 8 septembre, le régiment stationne dans la région Roville-aux-Chênes, Romont, Hardancourt.

Deux renforts successifs de 800 à 400 hommes lui arrivent bien encadrés.

Sous les ordres du capitaine BLANCHARD, chef de corps en l'absence de tout officier supérieur, le régiment est reconstitué, d'abord avec 8 compagnies, puis normalement à 12 compagnies. Mais, dès le début de septembre, des rumeurs de bataille, de grands combats parviennent au régiment. Chacun sait bientôt que la bataille de la Marne est pleinement engagée.

Le 86ᵉ s'attend à y prendre part, et à continuer sur d'autres champs de bataille, ses belles traditions d'héroïsme qu'il a montrées sur la terre lorraine.

Dès le 9 septembre, il quitte la région de Roville-aux-Chênes, pour s'acheminer vers la gare d'embarquement : Darnieulles. De là, il va être transporté, par chemin de fer, pour prendre une belle part à la poursuite de l'ennemi battu à la bataille de la Marne.

LA POURSUITE APRÈS LA MARNE

Le 12 septembre, le 86° est embarqué en chemin de fer à Darnieulles.

Les armées françaises viennent de gagner la bataille de la Marne et poursuivent, sur tout le front, l'ennemi battu en retraite.

Le 13° corps d'armée est appelé à prendre part à cette poursuite.

Le régiment débarque à Creil dans la journée du 13 septembre. Il se met en marche sans délai vers le nord-est et arrive le soir dans la région nord-ouest de Pont-Sainte-Maxence où il passe la nuit. Le lendemain, 14, il vient cantonner dans la zone d'Estrées-Saint-Denis, Bois-de-Lihus. L'ennemi a quitté très récemment cette région et n'est plus très éloigné maintenant.

Le 15, le 86° effectue une nouvelle étape et stationne près de la zone encore occupée : Elincourt, Samson, Chevincourt, Melicocq, où il prend les avant-postes.

Le lieutenant-colonel BLANGER, venant du 105° R. I., prend ce jour le commandement du régiment en même temps que des officiers supérieurs nouveaux sont placés à la tête des bataillons. Chefs de bataillon : COTTAZ, GRATTA et CHANEZ, venant du 38° R. I.

Durant la nuit du 15 au 16, le contact est pris. Le régiment est alerté et se prépare au combat. Dès le 16 septembre au matin, après divers déplacements, de Bethancourt à Elincourt le 86° s'engage dans la région à 5 kilomètres au nord-ouest de Ribecourt. C'est une région très accidentée, couverte de nombreux fourrés difficiles à franchir, coupée de ravins profonds comme ceux de Montigny et de Cambronne. C'est aussi la région des carrières profondes et immenses, qui font l'objet de nombreuses légendes.

Le régiment s'engage tout d'abord en se portant à l'attaque de la ferme La Carmoye qui, le matin a été le théâtre d'un sanglant combat où le 38e R. I. a subi de grosses pertes. Cette ferme est rapidement occupée et le 86e se porte sur l'Ecouvillon, tenu solidement par des éléments ennemis. Sans aucune préparation d'artillerie, nos hommes se portent à l'attaque de ce village, presque complètement encerclé par les bois de Thiescourt. L'ennemi se défend énergiquement, mais, surpris par l'ardeur de l'attaque, il lâche pied, abandonnant de nombreux prisonniers et un important matériel roulant chargé de diverses marchandises. Le soir, les compagnies du 86e ne restent cependant pas dans le village, exposées à une surprise très probable, facilitée par les bois. Les fractions de tête du régiment se retirent légèrement vers le sud-ouest et stationnent en avant-postes.

La journée du 17 septembre fut riche en incidents. Après avoir occupé l'Ecouvillon, dès le matin, le régiment apprend bientôt qu'une colonne ennemie, forte d'une brigade environ, se dirige vers le sud, par Elincourt, Chevincourt, Machemont, coupant ainsi la 49e brigade du gros des troupes. Des combats partiels sont engagés dans la région de Machemont, et le régiment tout entier se retire, mais très momentanément sur la rive gauche du Matz, dans la région de Melicocq.

La brigade ennemie poursuit sa route, et se croyant elle aussi, complètement tournée, se dirige vers le nord, par Machemont, Bethancourt, Ribecourt où le 38e R. I., la talonne.

Dès le soir, le régiment reprend ses positions, de la rive nord du Matz à Machemont et sur le plateau des carrières de Montigny et de la côte 145.

Les 18 et 19, les bataillons se succèdent aux avant-postes, dans cette région, en exécutant de nombreuses reconnaissances, vers le point culminant du pays, vers la ferme Attiche, qui devient l'objectif le plus important de la région, par le superbe observatoire qu'il constitue.

Le 20 septembre au soir, le 86e se porte à l'attaque de la ferme qui va devenir fameuse désormais. C'est une attaque de nuit, par surprise, conduite par le lieutenant-colonel BLANGER auquel est adjoint le commandant DE SIGOYER, rentré à peine guéri de sa blessure reçue à Sarrebourg. La progression est rapide et bientôt, la fraction de tête (2e Compagnie) n'est qu'à 200 mètres de l'objectif. Mais l'ennemi est alors mis en éveil par un de ses postes et ouvre un feu intense. Cette nuit, la ferme ne peut être enlevée.

Le régiment stationne aux abords de la route de Ribecourt à l'Ecouvillon, où il reste jusqu'au jour.

Le 21, au matin, l'attaque est reprise. Avec un entrain remarquable, le 3ᵉ bataillon s'élance à l'assaut de la ferme qu'il occupe

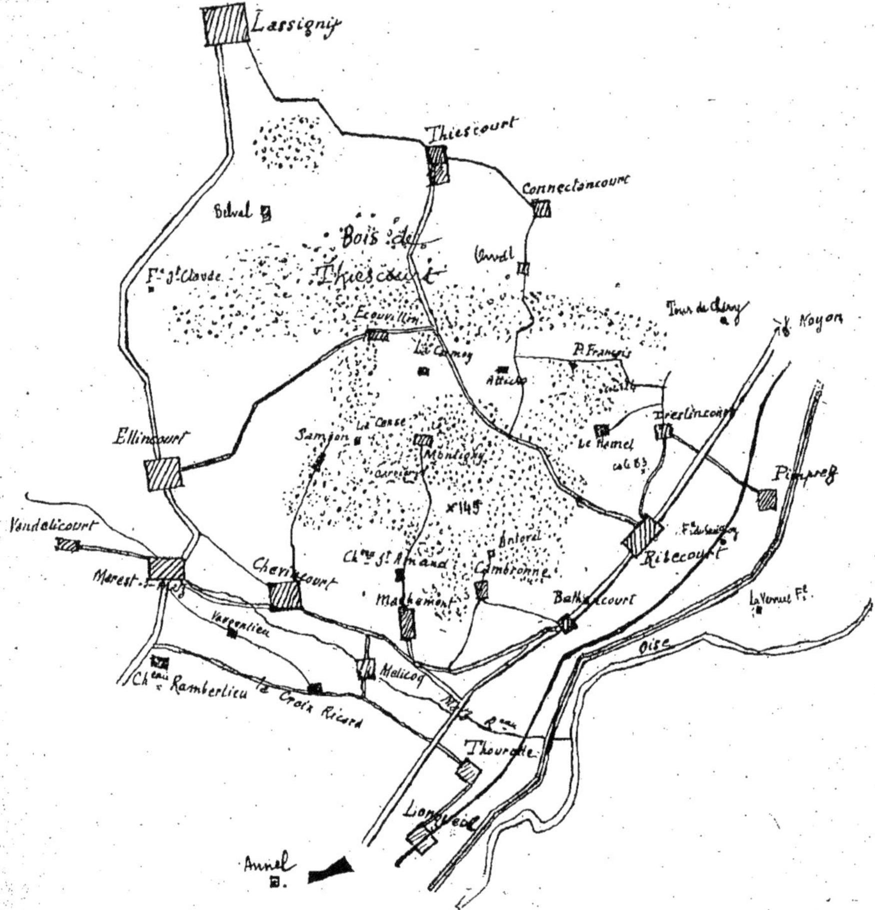

en quelques instants. Mais l'ennemi dirige aussitôt un feu d'artillerie extrêmement violent sur la position qui doit être abandonnée mais pour quelques instants seulement.

A midi, une nouvelle attaque est prononcée et dans un élan

irrésistible, le 3ᵉ bataillon se jette sur la ferme et ses abords. Malgré les feux d'artillerie, malgré les feux de mitrailleuses placées aux lisières des bois nord-est de la ferme; la position est occupée solidement par le 3ᵉ bataillon et la 4ᵉ compagnie.

Vers le soir, le 3ᵉ bataillon, qui a subi de grosses pertes dans cette attaque, doit être relevé par le 2ᵉ bataillon. Mais au moment précis où ce bataillon arrive à proximité de la ferme, l'ennemi qui a réussi à rassembler de grosses forces dans les bois au nord et à l'est, prononce une contre-attaque d'une grande violence. Alors, le 2ᵉ bataillon fait preuve d'un sang-froid remarquable. Les sections, rapidement déployées, exécutent des feux par salves parfaitement ajustés, tandis que les mitrailleuses entrent en action.

L'ennemi atteint les murs de la ferme; mais nos feux d'infanterie exécutés sur un ennemi qui se lance à l'assaut en une masse compacte, cause à l'assaillant de terribles pertes. Bientôt, la contre-attaque est brisée ; l'ennemi se replie dans les bois au sud d'Orval. Le 2ᵉ bataillon a conservé la ferme qu'il occupe solidement.

Furieux de leur échec de la veille, les Allemands déclanchèrent le 22, à l'aube, un terrible feu d'artillerie qui nous causa des pertes très graves. De nombreux officiers sont atteints, de nombreux hommes sont tués ou blessés. Mais, tenaces et superbes sous ce furieux bombardement, nos braves soldats tiennent la ferme qui reste définitivement entre nos mains.

Durant les jours suivants, l'ennemi ne réagit plus que par l'artillerie, sur toute la ligne tenue solidement par le régiment. Cette ligne s'appuie sur l'Ecouvillon, la Carmoye et Attiche. Nombreuses sont alors les patrouilles et les reconnaissances exécutées par le régiment, toutes par des volontaires, dans la région d'Orval et du Hamel.

C'est dans cette région, sur cette ligne même que le 86ᵉ va définitivement s'installer, dès le début de la guerre de positions, de cette phase de la guerre des tranchées qui va durer de longues semaines, de longs mois, plusieurs années.

LE FRONT — LES TRANCHÉES — LE SECTEUR

La période de la guerre qui s'ouvre à ce moment en fin septembre 1914, sur le sol reconquis, débute dans un état moral de grande confiance. Le 86ᵉ est accroché à ce grand plateau au nord-ouest de Ribecourt, entre les bois de Thiescourt et la vallée de l'Oise. L'Ecouvillon, la Carmoye, Attiche deviennent son domaine, son bien, son secteur.

Dès le début, hésitant à employer largement l'outil, nos hommes creusent quelques petits éléments de tranchées rudimentaires. Puis, suivant l'exemple donné par l'ennemi, ils établissent des tranchées plus profondes, plus longues, plus continues. La pioche et la pelle prennent de plus en plus d'importance. L'établissement des tranchées profondes, suivi par la construction de boyaux, eut une influence morale considérable sur nos hommes. On se rappela alors l'usage du fil de fer et des réseaux furent établis. D'abord on encercle les trois points d'appui principaux : Attiche, La Carmoye, l'Ecouvillon.

Les relèves régulières furent alors organisées. Deux bataillons restaient en ligne tandis que le troisième passait quelques jours en réserve au bivouac des Carrières (près de Montigny), puis dans le village de Machemont.

Peu à peu, les tranchées se perfectionnent, on en recouvre certaines parties, puis on se met résolument à la construction des abris, où la première paille fut accueillie avec un bel enthousiasme.

C'est ainsi que le régiment s'établit dans cette partie de l'Oise où il devait rester de longs mois.

En octobre, le 2ᵉ bataillon fut détaché dans la région du bois des Loges à la suite des combats sanglants et célèbres de cette région, puis devant Beuvraigne, vers Tilloloy.

En janvier 1915, c'est le 3ᵉ bataillon qui est détaché à son tour, pour tenir le secteur devant le Plemont (sud de Lassigny) où il est chargé d'installer un régiment territorial dans les tranchées.

En février, le régiment quitte Attiche, la Carmoye, l'Ecouvillon, pour un repos de quelques semaines à Villers-sur-Coudun, Chevincourt, Marest-sur-Matz, et Vandelicour, Chevincourt, Longueil et Melicocq.

Il reprend bientôt sa place en ligne, dans son ancien secteur, où il demeure jusqu'en fin avril. A cette date, il est de nouveau retiré pour un séjour à Marest-sur-Matz.

Le 86ᵉ revient de nouveau en ligne en mai et avec le 71ᵉ régiment territorial, il occupe tout le secteur de l'Ecouvillon jusqu'à l'Oise. Les villages de Chevincourt, Machemont, rappelleront longtemps au 86ᵉ de nombreux souvenirs généralement très doux.

Vers le milieu de juin 1915, la 49ᵉ brigade forme avec la 303ᵉ brigade, de formation récente, une nouvelle division : la 120ᵉ.

En septembre 1915, le 86ᵉ est remplacé dans la région de Machemont, et il va occuper vers le nord-ouest, le secteur de Canny-sur-Matz, où il reste jusqu'en novembre.

Au début d'octobre, le lieutenant-colonel BLANGER, malade, après un an de dure campagne, quitte le commandement du régiment et est remplacé par le chef de bataillon DE SIGOYER qui, quelques jours après, est nommé lieutenant-colonel.

Le 1ᵉʳ novembre, le 86ᵉ quitte la première ligne pour aller séjourner loin du front, au nord-est de Saint-Just-en-Chaussée, à Montigny, Ravenel et Brunvillers. Pendant le séjour d'un mois dans cette région, l'instruction est poussée avec activité : pelotons d'instruction, manœuvres.

Au début de décembre, le régiment reprend de nouveau sa place en première ligne, dans le secteur de Marquivillers, d'Armancourt et de l'Echelle-Saint-Aurin sur l'Avre. Le secteur est un grand plateau séparé en deux parties, par le ravin du bois du Chariot et du bois des Vaches, qui sont le théâtre d'une lutte incessante à la grenade et aux mines. Le « Pigeonnier », reste dans le souvenir comme un coin où la mort rôdait en permanence.

Le 15 février 1916, le régiment est relevé du secteur de Marquivillers, et doit se rendre par étapes au camp de Crèvecœur. Il stationne à l'ouest de Montdidier pendant quelques jours. C'est à ce moment que les Allemands se lancent furieusement à l'attaque de Verdun. Le régiment sera un des premiers à s'opposer à l'avance de l'Allemand, devant la citadelle.

VERDUN

Le 23 février 1916, le 86e s'embarque en chemin de fer à Montdidier, pour une destination inconnue. En réalité chacun connaît la nouvelle de la formidable attaque ennemie au nord de Verdun ; et il y a peu de doute sur le but de ce voyage.

Le 24, le régiment passe à Revigny et monte vers le nord. Il débarque partie à la gare de Sommeille-Nettancourt, partie à la gare de Givry-en-Argonne dans l'après-midi. Il se met de suite en route pour aller cantonner à Vieil-Dampierre.

Les 25 et 26, le régiment effectue deux étapes : la première pour aller à Brizeaux et Grigny ; la seconde pour aller à Ippécourt. Toutes les routes sont encombrées de nombreux convois se dirigeant sur Verdun. La grand'route Bar-le-Duc-Verdun est parcourue par une file ininterrompue de lourds camions qui se hâtent pour transporter : troupes, munitions, matériel.

Enfin, le 27 février, le 86e franchit la Meuse à Belleray et arrive à la caserne Chevert (4 kilomètres nord-est de la ville) où il stationne jusqu'au 29 au soir.

Il se met alors en route pour aller prendre sa place dans la barrière que nous devons opposer à l'avance allemande. Au cours de la nuit du 29 février au 1er mars, il s'installe en avant-postes sur les pentes des Hauts-de-Meuse, entre le fort de Vaux et la voie ferrée de Paris à Metz, face à l'Est. Deux bataillons (2e et 3e) sont en ligne ; le premier est en réserve au fort de Tavannes.

Les postes avancés tiennent la route de Damloup à Eix, et les bois du grand et du petit Feuilla. Le gros du régiment est sur les pentes, tenant fortement la ferme Dicourt, la ferme Bourvaux et les lisières est du bois de la Laufée.

La position ainsi occupée n'est pas organisée ; à la hâte, on creuse des éléments de tranchées, quelques rudimentaires boyaux, on construit des abris précaires.

L'ennemi a accumulé une énorme quantité de pièces lourdes de tous calibres : les 210, les 305, les 380 sont les projectiles ordinaires employés dans cette infernale débauche de fer et de feu. Des pentes des Hauts-de-Meuse, pendant la nuit on voit apparaître, dans la grande plaine nue de la Woëvre qui s'étend loin vers l'Est, des petits disques rougeâtres qui disparaissent au bout de quelques fractions de secondes. Ce sont les monstrueuses gueules d'acier des canons allemands.

Un ouragan de fer déverse sans arrêt la destruction et la mort sur nos positions et les voies de communication. Les ravins sont pleins de gaz toxiques. Les hommes restent cependant en place, impassibles, tenaces. Le ravitaillement est excessivement difficile, impossible pendant certains jours. On ne dira jamais assez l'héroïsme tranquille des ravitailleurs, des volontaires pour « la corvée de soupe ».

Les communications téléphoniques sont absolument impossibles. Les coureurs constituent le seul moyen de liaison. Les actes de dévouement des coureurs de Verdun restent légendaires.

Le 5 mars, le 3ᵉ bataillon est relevé en première ligne par le premier et passe en réserve.

Le bombardement ennemi va, s'accentuant chaque jour pour arriver à un maximum de violence du 7 au 10 mars.

Le 7, les bois du grand et du petit Feuilla sont occupés respectivement par les 4ᵉ et 8ᵉ compagnies du 86ᵉ. Ils constituent une avancée sérieuse dans la Woëvre et gênent l'ennemi qui veut s'en emparer. L'attaque est préparée par un bombardement furieux par obus de 150 et de 210. Puis un bataillon se jette à l'attaque du grand Feuilla. Il arrive assez vite aux lisières et la lutte d'infanterie s'engage allant aux corps à corps à la baïonnette. Durant toute la nuit, la 4ᵉ compagnie sous les ordres du capitaine PANTALACCI, tient tête à l'assaillant, exécute des contre-attaques nombreuses à l'arme blanche pour arriver à le chasser du bois.

Le matin du 8 mars, l'ennemi a cependant, encore quelques éléments à l'intérieur et la lutte continue. Mais le capitaine PANTALACCI est blessé. La compagnie a subi de lourdes pertes tandis que l'ennemi possède une grande supériorité numérique. Il faut abandonner le grand Feuilla. Dès lors, la résistance du petit Feuilla devient impossible. Nos éléments se retirent à l'ouest de la route Eix-Damloup.

Dès le 8 mars, l'ennemi prépare un effort formidable pour enlever le fort de Vaux, objectif principal de cette partie du champ de bataille, tenu par le 408ᵉ R. I. (303ᵉ brigade). Le village de Damloup, occupé par des éléments de ce même régiment est soumis depuis le 7 à un feu extrêmement violent d'obus de gros

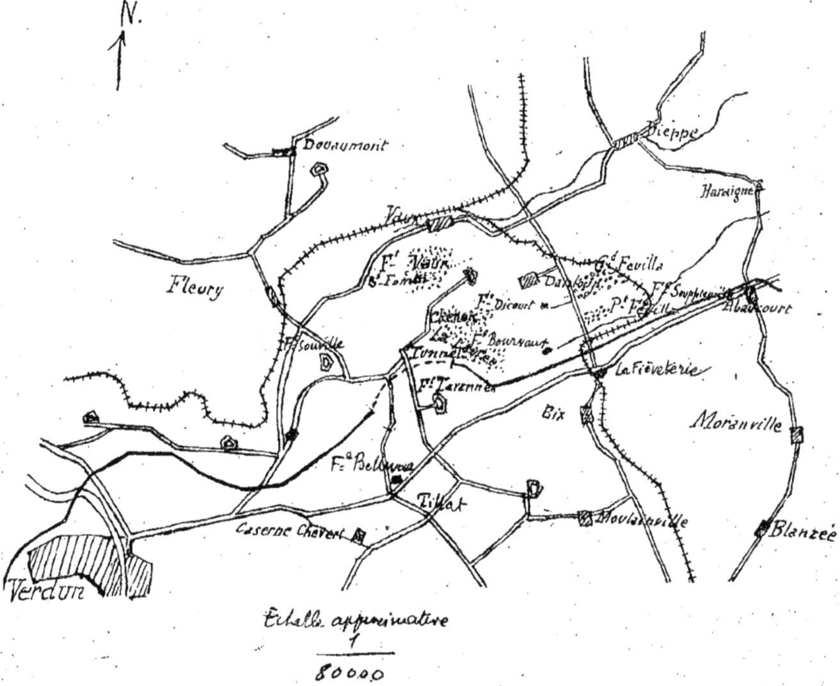

calibre. Les pertes de la garnison augmentant sans cesse, ne lui permettent bientôt plus de tenir le village. C'est alors que le 8 au soir, la 3ᵉ compagnie du 86ᵉ, commandée par le capitaine GUIGUET, reçoit l'ordre de renforcer les troupes décimées qui occupent Damloup.

Malgré les tirs de barrage violents qu'il faut franchir, la compagnie se porte résolument sur le village. Le capitaine GUIGUET est en tête et donne un bel exemple de sang-froid et d'énergie.

Il arrive à Damloup où il trouve des éléments exténués et désorganisés. Au prix de mille difficultés, il parvient à faire une reconnaissance rapide et organise la défense sous un feu dont la violence extrême ne faiblit pas.

Le lendemain matin 9 mars, l'ennemi se jette à l'assaut du fort de Vaux dans un élan furieux. En même temps, il essaie à plusieurs reprises de se porter à l'attaque de Damloup. Mais, grâce à l'énergie des chefs et au sang-froid des hommes qui exécutent des feux ajustés, l'ennemi reflue dans sa tranchée de départ. Pendant trois jours, la compagnie GUIGUET assura ainsi la défense de Damloup sous un terrible bombardement et ne quitta le village qu'après avoir été relevée. Pour cette belle défense, la 3ᵉ compagnie fut citée à l'Ordre de la division et son chef, le capitaine GUIGUET, fut cité à l'Ordre du corps d'armée.

Mais le 9 mars, l'ennemi a réussi à atteindre les pentes du fort de Vaux qui est sérieusement menacé. C'est alors que la nouvelle de la prise du fort est radiotélégraphiée par les Allemands qui n'en sont pas à un mensonge près. Deux bataillons de la 49ᵉ brigade sont alors jetés vers le fort pour en assurer la défense. Le 3ᵉ bataillon du 86ᵉ part sans hésiter, traverse de violents tirs de barrage et arrive au fort où il contribue largement à la défense à l'ouest et au bois Fumin. Les furieux efforts de l'ennemi pour enlever le fort de Vaux restent vains.

Le 12 au soir, le régiment a subi de très lourdes pertes, il est épuisé par la lutte qu'il vient de soutenir avec une ténacité héroïque. Il est relevé. Deux bataillons se rendent sous le tunnel de Tavannes, le 3ᵉ stationne au fort du même nom.

Le 14 mars, les deux bataillons du tunnel vont à la caserne Bevaux. Ils sont enlevés le 15 en camions automobiles. Le 3ᵉ bataillon n'est enlevé qu'un jour après.

Le régiment est transporté dans la vallée de la Saulx, à douze kilomètres au sud-ouest de Ligny-en-Barrois (Menil-sur-Souche, Fouchers, Nant-le-Petit, Maulan), puis au bout de quelques jours à quelques kilomètres à l'est de Saint-Dizier (Ancerville, Chancenay).

Le souvenir de ce séjour à Verdun en mars 1916, restera comme celui d'un des plus violents bombardements que le régiment ait eu à subir durant la campagne, comme le souvenir d'une vie infernale, terrible et fantastique.

Les secteurs de Moulin-sous-Touvent et du Bois Saint-Mard

Après quelques jours de repos dans la région de Saint-Dizier, le régiment est embarqué en chemin de fer pour être transporté dans la vallée de l'Automne, au sud de la forêt de Compiègne (Béthisy-Saint-Martin, Orrouy, Bethancourt). C'est la belle saison, dans une zone très agréable : le régiment jouit là d'une réelle détente.

Vers le 25 avril, il s'achemine vers l'Aisne et entre en secteur devant Moulin-sous-Touvent. Deux bataillons sont en première ligne, le 3ᵉ est en réserve à Attichy. Le secteur occupé est un grand plateau dénudé limité à l'est et à l'ouest par des ravins ; le ravin de Bitry et celui de la Faloise. Le secteur est bien aménagé. Les communications sont faciles. Mais la lutte avec les engins de tranchées y est continue, très violente en certains points. Le « Poulailler », un de nos postes avancés, rappelle le « Pigeonnier » du bois du Chariot. Il est le but visé par de nombreuses torpilles et grenades. C'est le coin le plus dangereux du secteur. C'est là que se distingue le soldat Sezzano qui, par un feu remarquablement ajusté, exécuté en pleine nuit, avec un beau sang-froid, tue deux sous-officiers allemands qui conduisaient un fort coup de main préparé par un violent tir de torpilles, et fait ainsi échouer la tentative ennemie. Ce n'est pas sans regret que, à la fin de juin, le régiment doit quitter ce secteur, avec Attichy, sur les bords de l'Aisne.

Au début de juillet, le 86ᵉ est de nouveau appelé en secteur. Il entre en ligne avec des territoriaux dans la région du bois de Saint-Mard, de Quennevières à Tracy-le-Val. Ce nouveau secteur est couvert. Les postes sont très rapprochés de ceux de l'ennemi; les coups de main sont faciles; la lutte à la grenade est incessante; la lutte à la torpille est violente. Puisaleine et Tracy-le-Val sont les points habituels où cette lutte est particulièrement vive. A

Tracy-le-Val, l'ennemi tente plusieurs coups de main préparés
par de violents bombardements qui bouleversent nos tranchées,
défoncent nos abris, et nous causent chaque fois des pertes dou-
loureuses. Mais chacune de ces tentatives correspond à un échec.

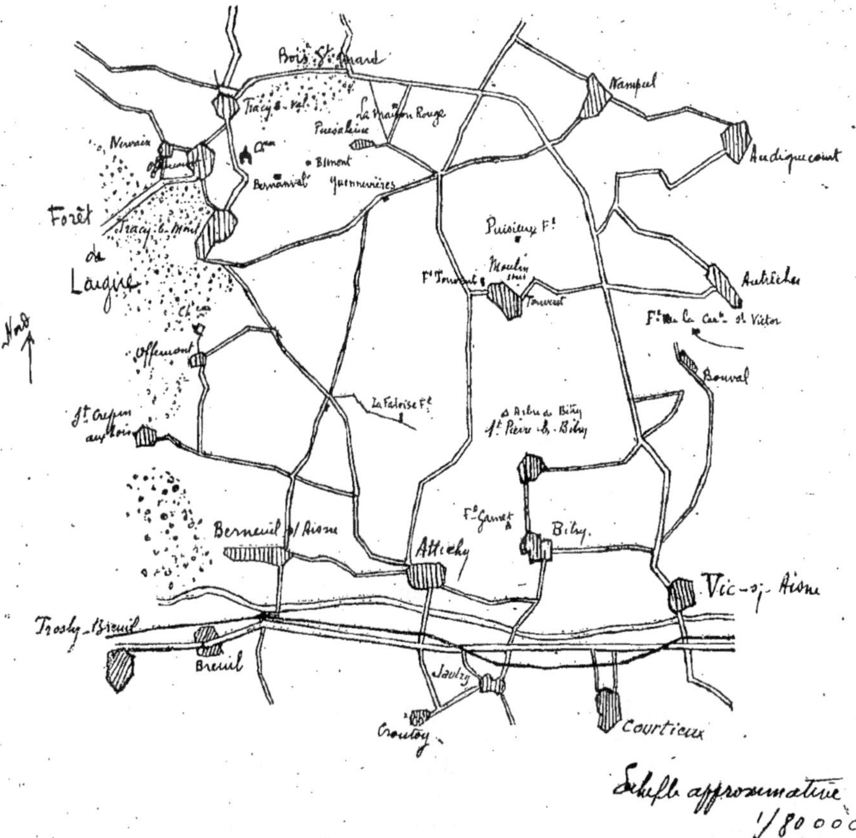

De notre côté, nos patrouilles exécutent des coups de main audacieux dans la région du bois Saint-Mard.

Vers le milieu du mois d'août, le régiment est relevé et se rend
dans la région de Betz (15 kilomètres à l'est de Nanteuil-le-Hau-
douin).

La bataille de la Somme est engagée depuis plusieurs semaines.
Le 86e se prépare à y prendre une part glorieuse.

LA BATAILLE DE LA SOMME

I. — LA JOURNÉE DE VERMANDOVILLERS

Le 86⁰ s'embarque en chemin de fer le 24 août. Ce départ
attendu ne diffère pas des autres. Des soldats qui partent pour
une destination inconnue savent qu'ils vont toujours vers un
inconnu hostile, qu'il y ait bataille en perspective ou non. Le
régiment arrive le lendemain à Crèvecœur-le-Grand où il débarque. Il cantonne à Auchy-la-Montagne, Rotangy et Francastel,
tout près du camp d'instruction de Crèvecœur où il devait se
rendre en février. C'est l'acheminement vers le champ de bataille.

Le lieutenant-colonel de Sigoyer, fatigué par deux ans de pénible
campagne au cours de laquelle il s'est dépensé sans compter, est
évacué. Le lieutenant-colonel des Garniers le remplace à la tête
du régiment.

Après quelques jours d'instruction, le 86⁰ traverse le camp et
va cantonner plus à l'est, à Quiry-le-Sec et Coullemerle. Il fait
partie de la 10⁰ Armée, sous les ordres du général Micheler, qui
mène la bataille au sud de la Somme.

Le 7 septembre, le régiment est alerté, enlevé dans l'après-midi,
en camions automobiles. Après un voyage rapide, il est débarqué
à proximité de la zone de bataille, à la sortie sud d'Harbonnières,
vers 22 heures. C'est la nuit dans une région inconnue. Et cependant, il faut marcher de suite. Deux bataillons vont alors passer
la nuit à Vauvillers et à Framerville. Un bataillon se rend direc-
tement en réserve à proximité des premières lignes, au Bois Etoilé,
à 1 kilomètre de Vermandovillers où viennent de se dérouler des
combats acharnés depuis le 5 septembre. Le régiment doit relever
le 8 au soir des éléments épuisés qui viennent de soutenir une

lutte sanglante de plusieurs jours. C'est ainsi que le 86ᵉ entre en ligne au nord-ouest de Vermandovillers avec deux bataillons en 1ʳᵉ ligne et un en réserve.

Le terrain récemment conquis, est complètement bouleversé. Le Bois Étoilé ne présente plus qu'une série de troncs sectionnés. Les boyaux et les tranchées sont à moitié remplis d'une boue liquide, la terrible boue de la Somme. Et, presque sans interruption, un violent duel d'artillerie remplit l'air de sons monstrueux, de trajectoires mortelles. Le village ne présente plus que quelques amas de décombres disséminés sur le terrain incessamment défoncé par les obus.

Vermandovillers a été attaqué le 5 septembre ; mais énergiquement défendu, il est resté presque entièrement aux mains de l'ennemi.

L'attaque de ce village va être reprise par les vaillantes troupes de la 49ᵉ brigade.

A partir du 9 septembre, le 86ᵉ se met au travail avec ardeur pour préparer les parallèles d'où il s'élancera au jour et à l'heure fixés.

Le travail s'effectue dans des conditions très difficiles, sous des feux d'artillerie et d'infanterie violents. Les pertes augmentent de jour en jour; le travail continue. Durant les trois jours qui précèdent l'attaque, notre artillerie donne avec toute sa puissance. Les derniers vestiges de Vermandovillers disparaissent dans une poussière blanchâtre, projetée bien haut par nos énormes obus de 240, 340 et 370. Ceux qui ont assisté à cette préparation d'artillerie se souviennent du « travail » fait sur la tranchée du Chien fortement organisée par l'ennemi.

Nos avions tiennent l'air sans arrêt. Les appareils ennemis restent loin à l'intérieur de leur secteur et dès qu'ils semblent s'approcher, ils sont immédiatement pris à partie par les nôtres qui leur interdisent nos lignes.

Les Allemands ne réagissent qu'assez faiblement par leur artillerie durant les journées des 15 et 16 septembre. Enfin le jour et l'heure de l'attaque, tenus secrets jusqu'alors, le jour et l'heure H, sont fixés. C'est le 17 septembre que le 86ᵉ va s'élancer à l'assaut de Vermandovillers. L'attaque principale du régiment sera menée par le 1ᵉʳ bataillon, sous les ordres du commandant Peyre, encadré, à droite et à gauche par des fractions du 2ᵉ bataillon. Le 3ᵉ bataillon doit assurer à la grenade, le nettoyage d'importants

abris établis dans l'ancien groupe de maisons de la partie Nord
du village.

Mais dès le 17 au matin, l'artillerie ennemie augmente considérablement son activité. De nombreuses mitrailleuses allemandes
que notre artillerie n'a pu atteindre, restent intactes et actives,

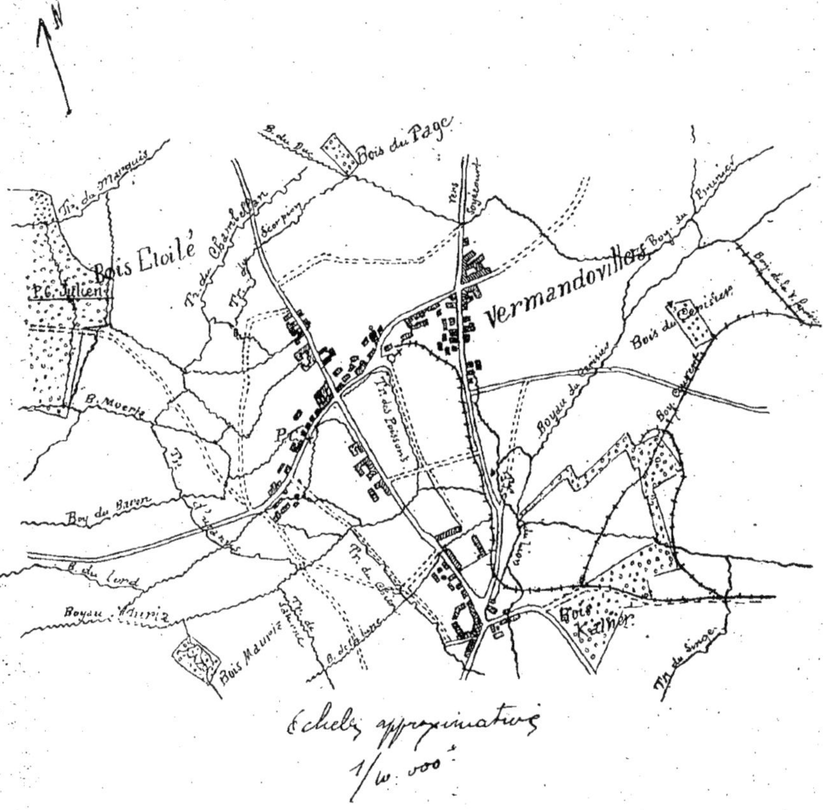

particulièrement dans la région du Bois du Cerisier et nous causent des pertes déjà sérieuses. L'ennemi connaît nos projets : il
nous attend.

Chacun sent cette situation et les chefs se demandent avec une
grande anxiété s'il ne se produira aucune hésitation au départ.

Il est 15 heures : c'est le moment de l'attaque.

Dans un seul et superbe élan, tous nos hommes jaillissent de la parallèle de départ, entraînés par le commandant Peyre, le capitaine adjudant-major Caillet et tous les cadres.

Aussitôt l'artillerie et surtout les mitrailleuses adverses redoublent la violence de leur feu.

Le commandant Peyre est tué, le capitaine Guiguet, le lieutenant Gros, le lieutenant Amilcar sont tués ; beaucoup d'autres tombent, mortellement atteints. Les premières vagues d'assaut s'arrêtent, se terrent. Il n'y a presque plus d'officiers. Alors le capitaine Caillet se jette en avant en criant « En avant ! les enfants, c'est pour la France ! » et il tombe à quelques mètres de là, mortellement atteint. La 3ᵉ compagnie, dont le chef, le capitaine Guiguet, est tombé au début de l'action est commandée par le sous-lieutenant Boudon. A son tour, ce jeune officier est blessé; on veut le panser. Il refuse : « Ce n'est rien » dit-il et il continue à entraîner sa compagnie avec laquelle il pénètre dans la tranchée ennemie. Il est alors blessé à nouveau, très grièvement cette fois. Il refuse encore de se laisser panser, et, montrant l'objectif à atteindre : « Ne vous occupez pas de moi, allez jusqu'à ce boyau » dit-il, et il meurt, en pleine action, héroïquement, sur le terrain conquis.

Devant ces exemples magnifiques, malgré ses pertes énormes, ayant perdu la presque totalité de ses officiers, dont 5 ont été tués, et les deux tiers de son effectif, le 1ᵉʳ bataillon continue à se porter en avant. Pendant que ce combat sanglant se déroulait, les fractions du 2ᵉ bataillon se sont portées en avant. Au Nord, le groupe commandé par le capitaine Sayn, est soumis à des feux de mitrailleuses d'une extrême violence, et ne progresse que difficilement; son chef tombe héroïquement à la tête de sa troupe. Au sud le boyau du Cerisier, puis le Bois Kalner, sont atteints assez rapidement.

Dès le début de l'action, des éléments du 3ᵉ bataillon se sont élancés sur leurs objectifs, sur les abris dont ils doivent assurer le nettoyage. Dans cette opération menée à la grenade, nos hommes montrent un entrain et un courage endiablés et assurent avec promptitude l'exécution de leur mission.

Durant cette journée de combat sanglant, le régiment a fait plusieurs centaines de prisonniers, enlevé plusieurs canons de tranchées et capturé un grand nombre de mitrailleuses. Les abris et les tranchées ennemis sont pleins de cadavres.

Le village de Vermandovillers est occupé entièrement. Mais ce beau succès a été chèrement acquis. Le 1ᵉʳ bataillon est cité à l'ordre de l'Armée.

« Le 1ᵉʳ bataillon du 86ᵉ sous la vigoureuse impulsion du com-
« mandant Peyre, s'est-porté à l'attaque des tranchées allemandes
« fortement occupées et défendues par des mitrailleuses. A enlevé
« trois lignes de tranchées successives et a conservé le terrain
« conquis, malgré la disparition de la presque totalité de ses offi-
« ciers. »

Durant les jours suivants, le régiment travaille avec ardeur pour organiser le terrain arraché à l'ennemi et interdire toute contre-attaque de celui-ci. L'ennemi bombarde avec une grande violence nos positions. Nos pertes augmentent sans cesse. C'est à ce moment que le capitaine Groscolas trouve une mort glorieuse. Les énormes vides causés dans les rangs du 86ᵉ sont partiellement comblés par un renfort qui vient du dépôt divisionnaire.

Mais la bataille n'est pas finie. Il faut songer aux combats prochains et les préparer. La pluie presque continue, augmente les difficultés. Le terrain n'est qu'un immense lac de boue où la circulation est extrêmement pénible. Mais les hommes ne con-naissent la fatigue que lorsqu'ils sont vraiment exténués. Ils se mettent bravement à l'ouvrage. Malheureusement, la pluie persis-tante retarde sans cesse l'attaque prochaine qui doit mener le régiment jusqu'aux lisières d'Ablaincourt.

Les bataillons passent successivement en réserve dans la région d'Herleville, tandis que les deux autres tiennent et organisent le prochain secteur d'attaque aux lisières est du Bois Kalner.

II. — VERS ABLAINCOURT

La nouvelle attaque est préparée activement, et, dès le 7 octo-bre, le beau temps est revenu ; l'action de l'artillerie peut se faire sous le contrôle des avions.

Le 3ᵉ bataillon qui doit mener l'attaque est en ligne depuis de nombreux jours. Mais avec la boue, le froid et un travail pénible, il est complètement épuisé dès le 8 octobre et il doit être remplacé en première ligne par le 1ᵉʳ bataillon. Cette fois encore, cette unité mènera le prochain combat, en première ligne, sous les ordres du commandant Foissey.

Le 9 octobre, le 86ᵉ est prêt à attaquer. — Le jour J est fixé au lendemain 10 octobre.

Dès le 10 à 5 heures, chacun est en place. A 11 heures le 1ᵉʳ bataillon s'élance de nouveau à l'attaque vers l'Est, vers Ablaincourt.

L'ennemi réagit très violemment par son artillerie; mais le bataillon de tête est parti si vite que le barrage tombe en arrière et gêne seulement le mouvement des réserves. La lutte est néanmoins très sévère ; la progression est un peu ralentie vers la droite;

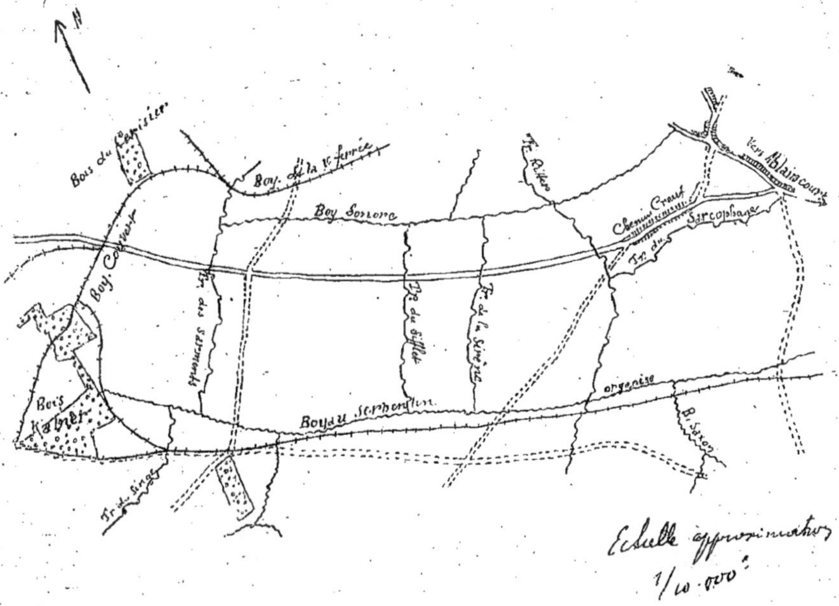

dans le fameux boyau du « Serpentin ». Plusieurs officiers sont tués (lieutenant AURIÈRE, lieutenant VACHER, lieutenant BOHAUD, lieutenant CLAUZET), d'autres tombent blessés. Plus de 250 hommes sont atteints : morts ou blessés.

Mais, les objectifs fixés sont successivement atteints ; la tranchée des Sarments est enlevée vivement, les tranchées du Sifflet et de la Sirène sont assez vite occupées ; elles sont pleines de cadavres ennemis. Les nettoyeurs de tranchées ont fait encore là une terrible besogne.

Dans leur élan, les compagnies de tête dépassent nettement les objectifs assignés.

Durant cette progression, le régiment fait de nombreux prisonniers, appartenant à trois régiments différents, parmi lesquels plusieurs officiers et un nombre considérable de sous-officiers. Plusieurs canons de tranchées, un grand nombre de mitrailleuses sont recueillis.

Dès le lendemain, on se remet à l'œuvre pour conserver le terrain. L'ennemi nous bombarde toujours avec vigueur et nous cause sans cesse des pertes assez lourdes. Le sous-lieutenant Voyer, connu par son courage calme, tombe mortellement atteint.

Pendant les jours qui suivent, diverses opérations de détails sont exécutées, près du boyau Serpentin, pour rectifier le front afin de faciliter la préparation de la nouvelle base de départ pour la prochaine attaque. Car la bataille va continuer. — Voilà plus d'un mois que le 86ᵉ lutte contre l'ennemi et aussi contre les éléments : contre la pluie, contre le froid, contre la terrible boue. Ses sacrifices ont été lourds. Mais il va encore faire de magnifiques efforts pour préparer un nouvel assaut qui nous rendra maîtres de deux villages : Ablaincourt et Pressoire, en entier.

Après chaque combat, la pelle et la pioche se haussent au rang du fusil et le 86ᵉ s'accroche au terrain, creusant de nouvelles communications, de nouvelles tranchées qui abriteront prochainement les compagnies d'assaut.

La boue devient de plus en plus un ennemi terrible; les hommes en ont jusqu'aux genoux.

Dès le 20 octobre, le plan d'engagement du régiment est définitivement établi. On n'attend plus que le soleil veuille se mettre de la partie pour se jeter de nouveau au combat. — Malheureusement, le mauvais temps continue, nos avions ne peuvent sortir. L'attaque est remise de jour en jour.

Mais voilà bientôt 45 jours que le régiment est dans la bataille. Aux pertes terribles qu'il a subies par le feu de l'ennemi, il faut ajouter l'épuisement considérable des hommes qui, malgré leurs extraordinaires qualités de résistance et de ténacité, sont pris par la fièvre, la maladie, et sont obligés de quitter leur place de combat. Les unités sont maintenant à un effectif très faible. Les hommes qui restent sont profondément exténués.

Alors le régiment est relevé, il n'aura pas la gloire d'enlever

Ablaincourt ou Pressoire. Meurtri, épuisé, mais glorieux, le 86ᵉ est remplacé par un régiment frais.

Il laisse là, dans ce coin de terre du Vermandois, de nombreux camarades dont 15 officiers, tués glorieusement.

Le 25 octobre, les dernières fractions du régiment s'embarquent en camions automobiles à Harbonnières. Le 86ᵉ est ainsi transporté dans la région ouest de Saint-Just-en-Chaussée (Nourard-le-Franc, Catillon, Fumechon, Mesnil-sur-Bulles).

APRÈS LA SOMME :

NEUFCHATEAU. — LE SECTEUR DE L'OISE

Le régiment stationne dans la région de Saint-Just-en-Chaussée pendant plusieurs semaines. Il jouit là d'une détente réelle après le long séjour qu'il vient de faire dans la boue de la Somme.

Il est embarqué en chemin de fer en fin novembre pour être transporté dans la région au sud de Neufchâteau, à cheval sur la Meuse (Harréville-les-Chanteurs et Dompierre). C'est là que la division est organisée à trois régiments. La 49e brigade disparaît. Les trois régiments d'infanterie constituent l'infanterie divisionnaire de la 120e division sous les ordres du colonel Ecochard.

L'instruction est alors poussée avec activité dans le camp de Neufchâteau pendant tout le mois de décembre.

Le 31 décembre, le 86e s'embarque en chemin de fer, toujours pour une destination inconnue. Mais déjà des bruits circulent, suivant lesquels il reverra très prochainement la région familière de l'Oise.

Dans la nuit du 31 décembre 1916 au 1er janvier 1917, le régiment arrive et débarque à Estrées-Saint-Denis, — et va stationner à Granfresnoy et Blincourt. Mais le séjour y est très bref. A partir du 3 janvier les bataillons sont successivement enlevés en camions automobiles et transportés dans une zone bien connue où ils débarquent : Machemont. Les anciens du régiment sont heureux de retrouver des paysages presque familiers, des amis, des souvenirs nombreux.

Dès le 5 au soir, le 86e retrouve son ancien secteur, en première ligne : Attiche, les bois du Hamel, le poste François, les carrières de Montigny.

Le séjour est cependant très bref, et du 24 au 25 janvier, le régiment est remplacé pour se rendre, à la fin du mois, dans le secteur de Canny-sur-Matz qui, lui aussi, est bien connu des anciens.

C'est alors l'époque où l'on prépare la prochaine grande offensive de printemps. Il fait très froid; le mois de février le fut particulièrement. Mais les braves soldats du 86ᵉ se mettent résolument à l'ouvrage et creusent dans un sol gelé et inondé, les parallèles d'où ils devront s'élancer en avant quand le signal en sera donné.

C'est à ce moment que le lieutenant-colonel DES GARNIERS quitte le commandement du régiment, et est remplacé par le lieutenant-colonel SAUTEL.

Le secteur est assez calme. Néanmoins certaines luttes d'artillerie sont assez violentes : la côte 91 avec le poste Bonin, Canny sont fréquemment bombardés.

A partir du début de mars, le secteur devient plus agité ; l'artillerie ennemie est plus active. Mais notre artillerie entre bientôt en œuvre : les 240 commencent la préparation d'attaque sur le bois Verlot et sur le fameux ouvrage du « Concombre ».

Mais l'ennemi connaît la situation et sait l'imminence du danger qui le menace. Ne laissant devant nous qu'un rideau, il retire ses troupes vers le Nord, derrière la fameuse ligne Hindenburg, vers Saint-Quentin.

De notre côté, de nombreuses patrouilles, des reconnaissances audacieuses sont poussées chaque nuit vers les lignes ennemies. Bien qu'accueillies par des feux d'infanterie, elles rentrent avec l'impression que la ligne adverse est pas occupée, — impression vite confirmée. Le régiment va se jeter à la poursuite de l'ennemi qui se replie.

LA POURSUITE DE MARS 1917

Le 14 mars au soir, une compagnie du régiment voisin (408e)
à pénétré dans les lignes ennemies à l'ouest du bois de Verlot.
La position n'est peu occupée. Plus de doute, l'ennemi se replie.
L'ordre est alors donné de se jeter en avant et de conserver le
contact avec les arrière-gardes ennemies. Une compagnie est
poussée dans le bois Verlot; puis c'est un bataillon et enfin tout
le régiment qui franchit le « no man's land » et va talonner les
Allemands.

Notre avance ne se poursuit cependant pas sans rencontrer certaines résistances. Devant la Taulette, des mitrailleurs résolus
causent des pertes sérieuses au 3e bataillon, tandis que l'artillerie
ennemie agit vigoureusement.

Mais, dès le 17 mars au matin, l'avance est reprise ; les derniers
éléments ennemis sont pressés, bousculés, chassés et se retirent
certainement beaucoup plus vite qu'ils le désiraient. Le 17 au soir,
la tête du régiment est à hauteur de la grand'route de Noyon à
Roye.

Le 18 au matin, des reconnaissances sont poussées sur le fossé
profond, de franchissement difficile, que forme la Mève avec le
canal du Nord. L'ennemi occupe encore les hauteurs de Chevilly,
mais il se retire vivement devant l'avance de nos reconnaissances
qui se portent résolument en avant.

Le 18 au soir, tout le régiment à franchi le canal du Nord, au
prix de difficultés énormes. Les routes sont défoncées, les carre-
fours minés sont sautés, pas un pont ne subsiste sur le canal ou
sur la Mève. Mais nous progressons quand même dans cette zone,
que les Allemands ont occupée sans interruption depuis 1914.

Durant toute la nuit du 18 au 19 mars, nuit profonde, le régiment continue son mouvement en avant, traversant successivement

les villages de Chevilly, Muirancourt, Rimbercourt. Le terrain est coupé, très couvert. Les surprises seraient faciles. Mais rien n'arrête le 86ᵉ qui atteint dans la nuit, la grand'route de Ham à Noyon, au sud de Guiscard.

Pendant toute cette avance rapide, d'énormes difficultés ont été rencontrées et surmontées. Le ravitaillement n'est pas arrivé car les cuisines roulantes se sont heurtées à d'énormes trous creusés, à chaque carrefour, par l'explosion des mines ennemies. La fatigue physique est grande. Le régiment est alors mis en réserve.

Il se rassemble dans la région de Candor, puis vers Roye-sur-Matz et La Berlière, à quelques kilomètres à l'ouest de Lassigny.

Le souvenir, les impressions des populations qui viennent d'être récemment libérées ont été bien souvent évoqués. Les témoignages oraux recueillis, joint à ce que l'on a pu voir pendant cette avance vers Guiscard, ont montré que l'ennemi a poursuivi dans nos provinces occupées une œuvre abominable de destruction matérielle. Nos braves soldats du 86ᵉ, cultivateurs en majorité, lents à émouvoir pourtant, ont frémi d'indignation devant la dévastation systématique et inutile de la végétation dans cette malheureuse région.

DEVANT SAINT-QUENTIN

Pendant que le régiment séjourne à l'ouest de Lassigny, l'ennemi est talonné sans répit jusqu'à ce qu'il ait gagné son repaire, la ligne Hindenburg.

A partir du 1ᵉʳ avril, le régiment se rend à quelques kilomètres de Ham, Esmery-Hallon, Buverchy, faubourg sud de Ham) où il stationne en réserve d'armée. Le 13 avril, les troupes françaises attaquent Saint-Quentin, à cheval sur la Somme. Le 86ᵉ est alors rapproché de la bataille au nord de Ham. Mais l'attaque n'aboutit pas au succès escompté ; les troupes qui y ont été engagées ont subi des pertes sanglantes et doivent être relevées.

Dans la nuit du 16 au 17 avril, le 86ᵉ entre en ligne au sud de la ville, devant Gauchy et Grugies, sur la rive gauche de la Somme. Le terrain est complètement dénudé. Pas d'organisations, pas de tranchées, pas de boyaux, pas d'abris. Seuls, quelques chemins creux offrent un abri passager, mais dangereux, car

l'ennemi les a repérés et les bombarde de façon systématique.
Castres et Contescourt, sont battus violemment et fréquemment;
le régiment subit ainsi de nombreuses pertes.

Pour rester là, il faut donc se mettre au travail. Le 86e se met

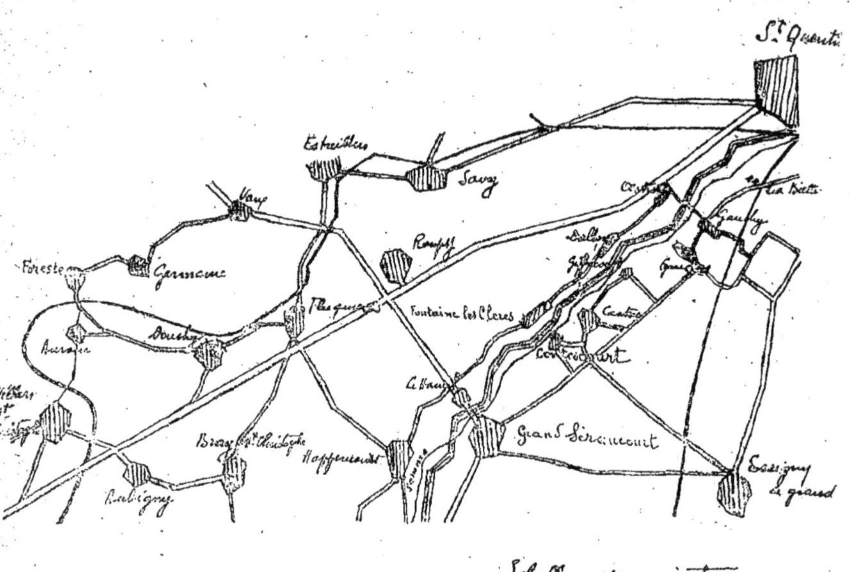

à l'œuvre. Malgré un bombardement très violent, malgré des feux
de mitrailleuses intenses, malgré de grosses pertes subies, le terrain est organisé. En quelques jours, grâce à la volonté et à la
ténacité réputées du régiment, des tranchées sont construites, des
boyaux permettent les communications, des abris assurent une
sécurité relative dans cette zone bombardée sans trêve. Et c'est
ainsi que le secteur de Giffécourt est organisé, et créé en quelques
semaines et que, lorsque le régiment est relevé vers le 9 mai, il
laisse aux troupes qui le remplacent une solide position.

Relevé le 9 mai dans ce secteur, le 86e passe en réserve à
Villers-Saint-Christophe et Fluquières, puis le 25 mai, il se rend
au sud-est de Guiscard à Quesmy, Haucourt et Buchoire. Cette
région est superbe en ce moment. L'ennemi semble l'avoir

épargnée. Au bout de cinq jours, nouveau déplacement, le régiment stationne à Bussy, Crisolles et Genvry, au nord de Noyon, pendant une dizaine de jours.

Vers le 6 juin, le 86e entre de nouveau en secteur, au nord de Saint-Quentin, en liaison avec les troupes anglaises, entre Pontruet et Gricourt. C'est un secteur dénudé, où de grandes coupes à pentes légères se succèdent uniformément. Seule l'étroite vallée

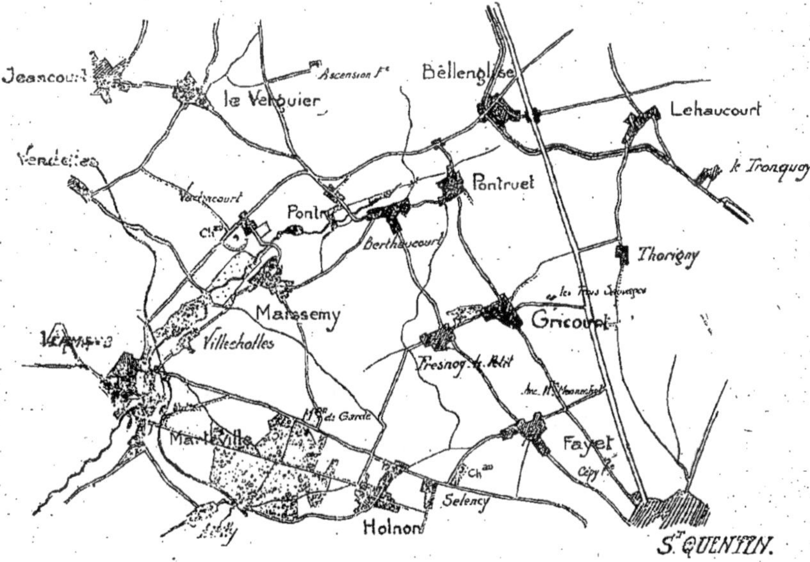

ECHELLE : 1/80.000.

de l'Omignon, forme dans cette région une coupure agréablement ombragée, où l'on aime se promener aux heures de désœuvrement, quand on est en réserve. Ce secteur est d'ailleurs très calme, sauf à Pontruet qui est bombardé fréquemment. C'est cependant une région à patrouilles et à coups de mains.

A la fin du mois de juin, le 86e quitte le secteur et se rend dans la région de Nesles, d'où il sera embarqué en chemin de fer pour être transporté dans la Meuse, à 10 kil. au nord de Bar-le-Duc (Louppy-le-Petit et Genicourt).

LA COTE 304

Le 1er juillet le régiment fait partie de la deuxième armée, l'armée de Verdun, où il est en réserve. Il stationne à Louppy-le-Petit et Genicourt, jusqu'au 23 juillet. A cette date il se porte par étapes vers le nord pour gagner la région de Jubecourt et des bois de Bethelainville, à quelques kilomètres au sud de la fameuse côte 304.

On sait qu'une grande attaque est préparée afin de rejeter l'ennemi vers le nord. La côte 304 est l'objectif assigné à la division ; le 86e doit y contribuer pour une belle part.

Durant les dernières nuits de juillet, les bataillons s'avancent vers la zone de bataille. Des éléments des 2e et 3e bataillons occupent des emplacements au sud de la côte 304, sur le plateau Favry, à proximité de la route d'Esnes à Avocourt.

Le secteur est excessivement agité. L'aviation ennemie montre une grande activité tandis que l'artillerie lourde ennemie bat, sans interruption, les communications, les boyaux d'accès vers la première ligne. Notre artillerie riposte énergiquement.

A partir du 28 juillet au soir, on a l'impression que l'ennemi prépare une attaque en vue de s'emparer de la totalité de la position, but visé depuis de longues semaines, de longs mois.

Le lieutenant-colonel commandant le régiment exerce le commandement de ce secteur. Il a sous ses ordres deux bataillons d'un autre régiment en première ligne, ainsi que tout le 86e, maintenu en soutien ou en réserve.

Le temps est pluvieux. Aux dégâts énormes que nous cause le bombardement ennemi, il faut ajouter les éboulements qui se produisent incessamment sous l'action d'une pluie persistante, dans un terrain complètement bouleversé.

Le 31 juillet, dans l'après-midi, il n'y a plus de doute sur les projets de l'ennemi et l'imminence de son attaque. Les tranchées, les boyaux sont bombardés violemment par obus de gros calibre, tandis que des tirs de barrage intenses sont exécutés plus en arrière, à l'aide de nombreux obus à gaz toxiques. C'est ce jour-là que, pour la première fois, le régiment est soumis à des bombardements par ypérite.

L'attaque attendue est déclanchée le 1ᵉʳ août au matin. Le tir ennemi s'est intensifié de une heure à trois heures, tandis que des minens de gros calibre détruisent complètement nos tranchées de première ligne.

Vers quatre heures, les Allemands se sont rués à l'assaut. Les deux bataillons du 328ᵉ qui tiennent les premières lignes opposent une défense opiniâtre ; mais ils sont partiellement culbutés, et rejetés de la ligne avancée. Les éléments du 86ᵉ se portent alors en avant et interviennent résolument dans le combat.

Vers la droite, c'est une fraction de la 9ᵉ compagnie qui exécute une contre-attaque vigoureuse à la grenade, arrête l'ennemi, le rejette d'un élément de tranchée qu'il venait d'occuper et organise définitivement la position.

A gauche, c'est le capitaine Gomot, commandant la 5ᵉ compagnie qui, « croyant saisir un flottement dans la ligne ennemie, sous « l'action de notre artillerie, s'est résolument porté en avant, « entraînant derrière lui les fractions voisines, et qui est tombé « glorieusement à proximité de la tranchée allemande dans « laquelle il allait sauter après avoir déchargé son revolver. »

Vers le soir, l'ennemi est nettement et définitivement fixé. Son succès a été très restreint et ne correspond pas aux moyens mis en œuvre et aux pertes qu'il a subies.

Le 2 août au matin, les 2ᵉ et 3ᵉ bataillons du 86ᵉ sont en première ligne, prêts au départ pour une contre-attaque destinée à reprendre le terrain perdu la veille.

Notre artillerie de tout calibre donne avec fureur et à 6 h. 30, nos soldats se lancent bravement à l'attaque.

Vers la droite, nos compagnies arrivent rapidement à proximité de la première tranchée ennemie très fortement occupée. Des corps à corps féroces s'engagent. Le soldat Radiguet de la onzième compagnie fait preuve d'une superbe bravoure et tombe mortellement atteint par une balle en plein front.

Le sous-lieutenant Marinier, d'un calme et d'une bravoure

extraordinaires, enlève sa section magnifiquement et tombe en pleine action.

Le sous-lieutenant CREISSELS est tué glorieusement au cours du combat, en donnant un superbe exemple de résolution et de mépris du danger.

Mais les tranchées attaquées sont très fortement tenues et défen-

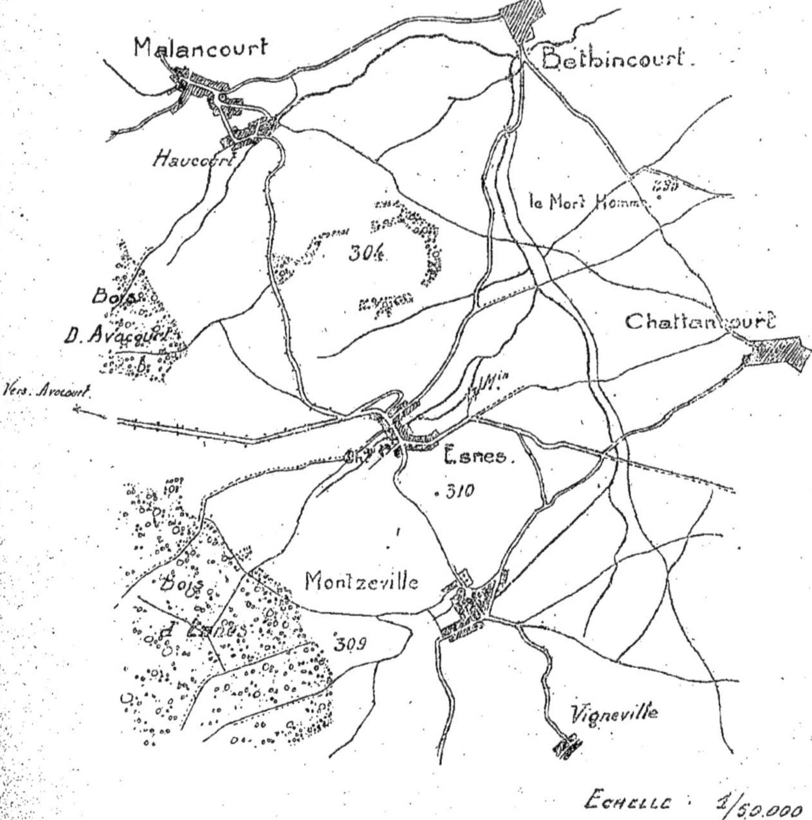

dues par l'ennemi. La contre-attaque prononcée ne donne pas les résultats que l'on pouvait attendre de tant d'efforts et de sacrifices. Néanmoins l'ennemi est définitivement fixé.

Après cette journée de terrible lutte, le régiment se met au travail pour organiser la position.

L'artillerie ennemie continue à nous bombarder, le plus souvent avec une grande violence. Nos ravitaillements sont extrêmement pénibles et difficiles. Le « Ravin de la Mort », laisse un souvenir horrible d'enfer et de mort, que les plus résolus et les plus courageux hésitent à traverser. En première ligne, la lutte à la grenade est incessante ; chaque jour voit s'allonger la liste de nos pertes.

Il pleut quotidiennement. Les trous d'obus sont à moitié pleins d'eau. Les boyaux sont aux trois quarts pleins de boue.

Le premier bataillon est monté en première ligne dès le 7 août au soir.

Les hommes vivent dans cet enfer de feu et de boue. Ils y travaillent et s'y battent. Leurs pieds excoriés leur causent de cuisantes et perpétuelles douleurs.

Et, malgré le manque de nourriture (puisque les aliments ne peuvent parvenir que rarement), malgré la lutte constante, malgré la boue, malgré tout, les braves soldats du 86ᵉ tiennent ; ils arrêtent l'ennemi pendant vingt jours et réorganisent le secteur bouleversé.

Le régiment devait attaquer. L'ennemi a devancé nos projets ; le 86ᵉ l'a arrêté. Mais en raison des lourdes pertes qu'il a subies, en raison de son épuisement profond, il doit quitter ce champ de bataille pour le laisser à d'autres troupes qui s'élanceront à l'assaut de 304. Après avoir tenu la position et préparé l'attaque jusqu'au dernier moment, il est retiré et placé en réserve.

Sa tâche n'est pas finie pourtant. Pendant l'attaque du 20 au 24 août, les hommes du régiment vont tirer le canon pour remplacer les artilleurs intoxiqués, ils vont pousser en avant matériaux et munitions et aider à consolider les positions conquises.

La gloire escomptée pour enlever 304 ne revient pas au 86ᵉ. Il a eu la mission de l'anonyme et pénible sacrifice. Mais nos bons troupiers, fidèles à la plus pure tradition d'héroïsme firent sans compter leur obscure et coûteuse besogne pour assurer le succès commun.

LES SECTEURS DE SAINT-MIHIEL

Enlevé en camions automobiles à partir du 25 août, le 86e est transporté dans la région de Salmagne et Gery, à 10 kilomètres au nord de Ligny-en-Barrois.

Mais le séjour en cette délicieuse région ne se prolonge que

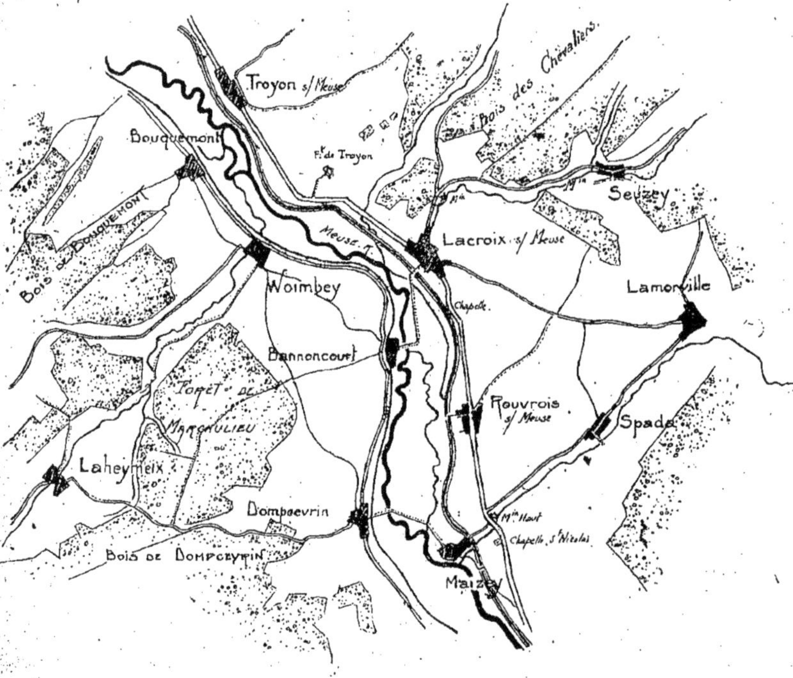

pendant quelques jours et le régiment est transporté vers le nord-est, vers Saint-Mihiel où il va dans un secteur de tout repos. Le 86e traverse la Meuse à Woimbey et entre en ligne au nord de

cette ville, dans le secteur de Rouvrois, sous les ordres du général
commandant la 34ᵉ division.

Le secteur est solidement organisé et bien aménagé. La région
est très calme. Des premières lignes, on peut examiner à la
jumelle la petite ville de Saint-Mihiel ; on y voit circuler les

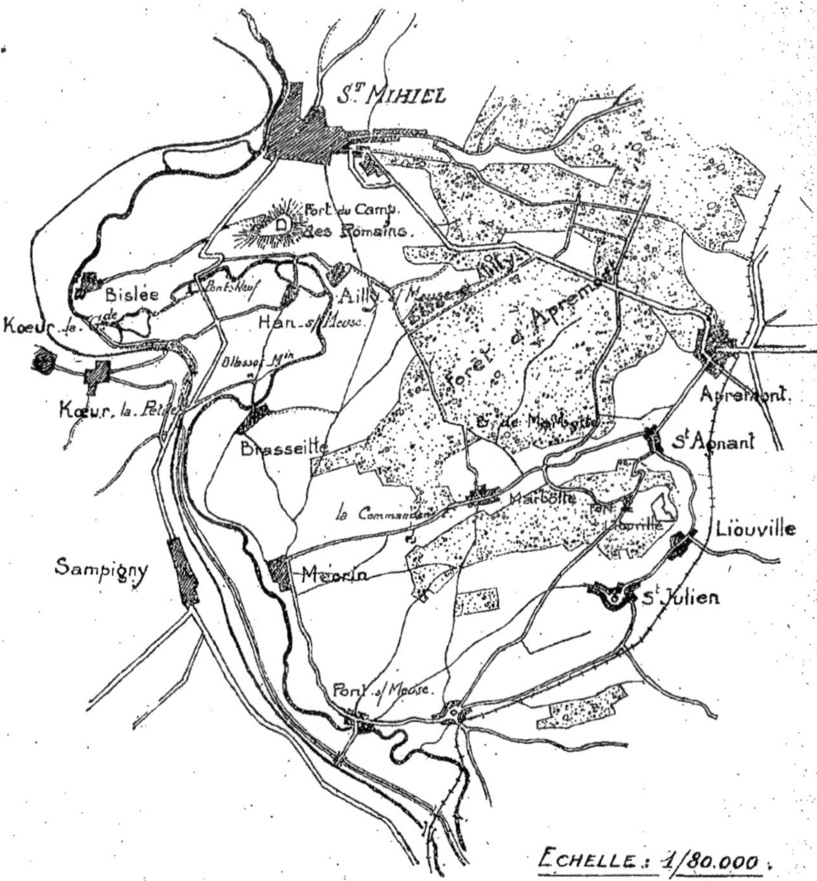

habitants presque dans le calme. — On se rend au fort de Troyon,
tandis que l'ennemi domine toute la région du haut du fort des
Romains. C'est l'automne, le temps est devenu clément. Le régiment passe là un des séjours les meilleurs qu'il ait accomplis en
secteur au cours de la campagne.

Du 25 au 28 septembre, le 86ᵉ quitte la région de Rouvrois, cantonne à Lérouville, traverse la Meuse au sud de Saint-Mihiel, à Pont-sur-Meuse et entre de nouveau en ligne, sous les ordres du général commandant la 33ᵉ division.

Le nouveau secteur qu'occupe le régiment a figuré bien fréquemment dans nos communiqués officiels, durant l'hiver 1914-1915 ; c'est le secteur de la forêt d'Apremont et du bois d'Ailly au sud-est de Saint-Mihiel.

Des cimetières nombreux et immenses près de Mecrin et de Marbotte attestent de l'intensité des combats qui se sont déroulés à cette époque dans cette région actuellement si paisible. Le terrain est couvert. Vers la Meuse, les lignes françaises sont très éloignées des lignes ennemies, et nos patrouilles montrent une grande activité. — En première ligne, quelques luttes à la grenade sont les seuls événements notables de cette époque.

Après un séjour rapide, le régiment est de nouveau retiré de ce secteur dit de la Croix-Saint-Jean, du 16 au 18 octobre. Et, par camions automobiles, il est transporté dans la région déjà connue de Ligny-en-Barrois, à Tronville (6 kilomètres nord-ouest de Ligny).

Le 86ᵉ ne reste dans cette localité que quelques jours. Il va bientôt retrouver la Meuse et Verdun.

VERDUN : BEAUMONT

Le 26 octobre, nouvel embarquement en camions. Le régiment sait qu'il est transporté à Verdun où il doit entrer en secteur « pour un court séjour » vers Beaumont, entre la côte 344 et le bois Le Chaume.

Arrivé le 6 dans les faubourgs nord-est de Verdun (faubourg Pavé), le 86ᵉ s'achemine, dès le 27 au soir, dans la région Louvemont, carrières d'Haudromont. Le paysage est sinistre. En vain, les yeux cherchent là une apparence de végétation. On ne trouve que quelques petits troncs de pins noircis, calcinés, morts, voisinant avec de nombreuses petites croix brisées, renversées, jalonnant encore les emplacements des tombes éventrées. Les ravins des Vignes, de la Dame, beaucoup d'autres, sont de véritables paysages lunaires. Les carrières d'Haudromont sont le point de mire des obus ennemis de très gros calibres. On se rappelle avec effroi ce que fut le bombardement de cette région durant les après-midi des 31 octobre et 1ᵉʳ novembre.

Le 7 novembre, le deuxième bataillon du 86ᵉ entre en première ligne devant Beaumont, et le premier bataillon passe à Louvemont tandis que le troisième se rend aux carrières d'Haudromont. Le secteur est excessivement actif. L'artillerie ne connaît point de repos.

L'ennemi bombarde furieusement et en permanence nos positions par obus de gros calibres, en même temps qu'il inonde de gaz toxiques les ravins, les voies d'accès. Dans ces conditions, tout déplacement dans ce secteur est extrêmement dangereux. Les ravitaillements ne peuvent avoir lieu qu'au prix des plus lourdes difficultés. La dépense d'énergie et de courage des ravitailleurs est considérable.

Le 12 novembre, le troisième bataillon, s'approche de la première ligne et occupe, derrière le deuxième bataillon, des emplacements de soutien. Le lendemain il passe en première ligne.

Jusque vers le 20 novembre, l'activité de l'artillerie se maintient très grande. Les boyaux de communication, les tranchées,

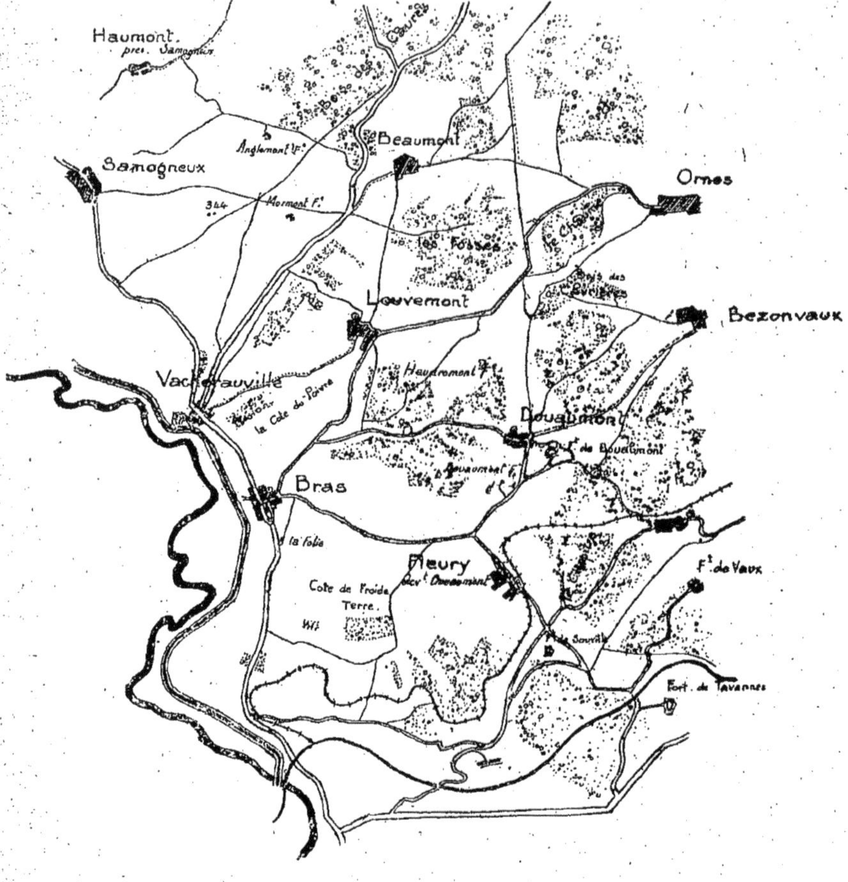

les pistes, les emplacements des réserves, les postes de commandement, les ravins, sont violemment pris à partie et bombardés par obus explosifs et surtout par obus toxiques.

A partir du 20 novembre, le régiment a deux bataillons en première ligne. Le tir ennemi, qui est allé croissant en violence durant les journées des 20 au 24 novembre fait présager un coup de main ennemi. En effet, le soir de ce jour, un fort parti allemand tente d'aborder nos lignes. Mais nos hommes font bonne garde ; le furieux bombardement qui a précédé cette tentative ne les a pas émotionnés. L'ennemi est reçu à courte distance par un barrage à la grenade et par des rafales de fusils mitrailleurs ; il est obligé de rentrer précipitamment dans ses lignes.

Le 8 décembre, l'ennemi renouvelle une tentative de coup de main sur des fractions du troisième bataillon. Il ne fut pas encore très heureux cette fois.

Un tir de grenades combiné avec des feux de fusils-mitrailleurs arrêta net les Allemands qui laissèrent entre nos mains des prisonniers et une mitrailleuse. Là encore, le sang-froid et la ténacité des hommes avaient triomphé de l'ardeur de l'ennemi.

A partir du 10 décembre, le 86e est enfin relevé dans le secteur de Beaumont. Les pertes ont été grandes, le nombre des intoxiqués a été considérable.

Le régiment quitte alors le secteur de Verdun. Embarqué en chemin de fer à Dugny, il est débarqué à Laheycourt et stationne jusqu'au 20 décembre à Louppy-le-Château et Villotte devant Louppy (à 16 kilomètres nord-ouest de Laheycourt).

VAUQUOIS

Le 21 décembre le 86ᵉ s'achemine par étapes vers le nord. Il arrive le 22 à Clermont-en-Argonne. Le 23 au soir, le régiment est en première ligne, sur la rive droite de l'Aire, à Vauquois, la butte célèbre au nom prestigieux, évocateur des luttes épiques et sanglantes de 1915.

La Butte est au centre du secteur, flanquée à l'ouest par la croupe du bois Noir, à l'est par le Mamelon Blanc avec la Cigalerie. Au sud, un autre Mamelon, La Maize. Plus au sud, des côtes boisées de Forimont, la vue s'étend sur une immense plaine jusque vers Clermont-en-Argonne accroché aux flancs d'un éperon couronné de hauts sapins.

La Buanthe, rivière étroite mais qui coule dans une profonde coupure sépare nos lignes des positions ennemies du bois Cheppy. Toute la partie est et sud du secteur est couverte par les avancées de la forêt de Hesse. A l'ouest, c'est la vallée de l'Aisne avec Boureuilles. Plus loin, de l'autre côté de la rivière, c'est la grande forêt d'Argonne.

Le calme actuel du secteur contraste singulièrement avec l'opinion que l'on se faisait de ce terrible champ de bataille lors de la première année de campagne. Les tranchées sont bien aménagées, les boyaux offrent une circulation facile ; les abris permettent un séjour presque agréable : les « Cagnas » de Forimont, du Mamelon Blanc et du mont des Allieux sont des modèles du genre.

On visite avec curiosité et beaucoup d'intérêt les gigantesques travaux souterrains nécessités par la terrible et hypocrite guerre de mines. Des sapeurs du génie se souviennent encore de la fameuse mine qui engloutit les derniers vestiges du village. Du haut de la butte, de la rue des Juifs, on explore des yeux la profondeur des immenses cratères qui crevassent le sommet de la butte. On se montre le trou, profond de vingt mètres, qui occupe l'emplacement de l'église du village.

Ce secteur se prête à l'exécution des patrouilles et des coups de main. Il ne se passe pas une semaine sans que de notre côté, ou du côté ennemi, un coup de main ne soit exécuté.

La région des Allieux, de la Hardonnerie au poste Barberon, est le coin de prédilection des tentatives ennemies, précédées généralement par un bombardement intense. Les Allemands n'obtiennent d'ailleurs que peu de succès, le 22 janvier au matin, une grosse reconnaissance est mise en fuite par un tir précis de fusils-mitrailleurs devant la fonderie. Deux jours après, le 24 au soir, l'ennemi tente un violent coup de main sur le poste Barberon après avoir écrasé ce point sous un violent bombardement de mines; là encore il est accueilli par des feux de mousqueterie et rejoint en hâte ses tranchées du bois de Cheppy en laissant un blessé entre nos mains. A la même heure une tentative ennemie faite par un groupe de vingt hommes, échoue dans les mêmes conditions sur la Hardonnerie.

En toutes ces circonstances, les hommes du 86ᵉ continuent à montrer leurs exceptionnelles qualités de sang-froid, de résolution, de ténacité.

Nous répondons d'ailleurs à toutes les tentatives ennemies. Le 19 février, une audacieuse embuscade, dirigée par l'aspirant Plo de la 9ᵉ Cⁱᵉ ouvre résolument la lutte contre une grosse patrouille ennemie et réussit à en capturer le chef.

Dans la nuit du 4 au 5 avril, les Allemands tentent d'enlever un de nos postes, à la Hardonnerie, avec un gros détachement de 80 hommes. Notre poste ne comprend que 5 hommes, le caporal Rivet et le sergent Monget. Mais dès qu'il aperçoit l'ennemi il entame la lutte avec ardeur et sans hésitation. Le caporal Rivet lance à lui seul plus de cent grenades faisant ainsi un barrage infranchissable. Le sergent Monget exécute un tir d'obus V. B., tout en dirigeant le feu de ses hommes, brillamment exécuté, en particulier par le fusilier-mitrailleur Borgetto. L'attaque ennemie est arrêtée net, elle est brisée, disloquée. Les Allemands fuient vers leurs lignes laissant entre nos mains, cinq cadavres, un prisonnier; 32 caisses d'explosifs et un nombre considérable d'armes (fusils, poignards, revolvers).

Le 9 avril, l'ennemi exécute une nouvelle tentative sur la

région du poste Barberon. Il fait usage de flamenwerfers mais il est encore repoussé en nous laissant un prisonnier.

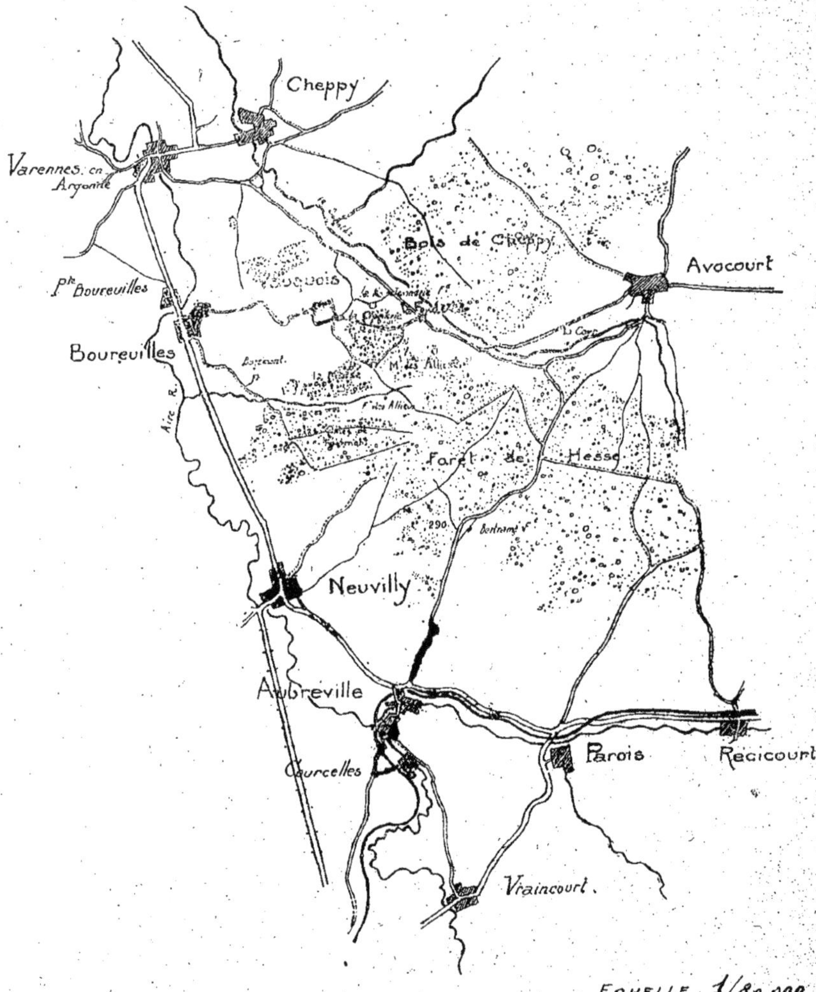

Le 15 avril, un groupe d'élite fourni par la 5ᵉ Cⁱᵉ tente avec une belle audace d'enlever un poste ennemi devant ce même point. Mais, malgré la vaillance et l'entrain superbes des exécutants, sous la direction du lieutenant Mercadier, les efforts faits ne donnent pas le résultat que l'on pouvait attendre de tant d'audace.

La lutte d'artillerie est parfois assez vive. L'ennemi fait un large emploi d'obus à gaz toxiques : le carrefour de Bertrame est fréquemment bombardé de cette façon.

Enfin après un séjour de près de cinq mois, le régiment est remplacé à Vauquois par un régiment de la 3ᵉ Division Italienne. Le 86ᵉ quitte Vauquois, mais il emporte un bon souvenir de tous ces lieux dont il parlera souvent : la Butte de Vauquois, le Mamelon Blanc, les Allieux.

Enlevé en camions automobiles, le régiment est transporté dans la région de Givry-en-Argonne, Remicourt et Epense.

BATAILLE DE LA MARNE

ANTHENAY, OLIZY-VIOLAINE, BOIS DE RARREY

Le 29 mai au matin, le 86ᵉ quitte, en camions automobiles, les cantonnements de la région de Givry-en-Argonne où il était au repos et à l'instruction depuis le 16 mai.

Le 29 au soir, après un parcours de 100 kilomètres, le régiment débarque à 5 kilomètres au nord de la Marne et stationne dans la région : Anthenay, Olizy-Violaine, à 5 kilomètres au nord de Châtillon-sur-Marne.

L'ennemi a attaqué violemment nos positions du Chemin des Dames depuis le 25 mai ; il en a bousculé les défenseurs ; il a traversé successivement l'Aisne, la Vesle, l'Ardre et s'avance victorieusement et à bonne allure, vers le sud, vers la Marne.

Dès le 29 au soir, deux des bataillons installent une ligne d'avant-postes au nord de la grand'route de Dormans à Reims, face au nord-ouest ; à gauche, le 2ᵉ fortement appuyé sur Anthenay ; à droite, le 3ᵉ appuyé sur Olizy-Violaine. Le 1ᵉʳ bataillon est maintenu en réserve à Violaine et la Maquerelle. Le régiment tient ainsi un front de 6 kilomètres et se trouve encadré par les deux autres régiments de la Division : le 38ᵉ à droite, le 408ᵉ à gauche. La ligne de nos avant-postes est jalonnée par une crête parallèle à la grand'route Dormans-Reims. En avant se trouvent le village de Villers-Agron, dans une coupure profonde où coule la Semoigne, et le petit hameau de Berthenay. Plus loin des croupes dénudées avec les fermes de Forzy, Aiguizy, le village d'Aougny.

En arrière, un grand plateau au nord du Bois de Rarrey. A droite, le plateau de Jonquery fermé au nord par un bois. Des ravineaux conduisant vers Cuisles, le ravin de Montigny. Plus au sud, c'est la Marne. La mission est nette : arrêter l'ennemi.

La nuit du 29 au 30 se passe sans incidents. Mais dès le 30 à 4 heures du matin, l'ennemi a refoulé les éléments de la 13ᵉ Division devant le front du 86ᵉ. Le village d'Aougny est occupé.

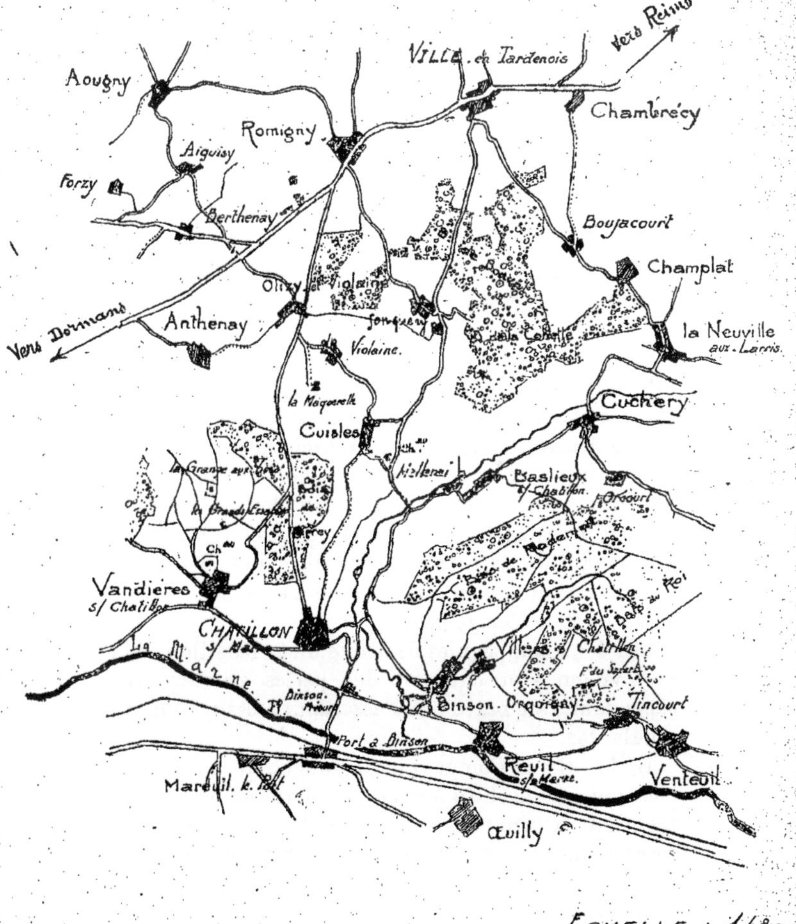

Dès 7 heures du matin, le général commandant cette division fait connaître verbalement la situation critique de ses fractions qui se retirent derrière le régiment. En effet, les éléments refoulés de la 13e Division se replient en arrière de notre ligne d'avant-postes qui est d'ailleurs immédiatement renforcée. A ce moment l'ennemi occupe sensiblement la ligne Sainte-Gemme, Villers-Agron, nord de Romigny.

A partir de 9 heures, l'ennemi essaie de pousser partout ses éléments au contact de nos lignes. Son artillerie débouche du village d'Aougny et se met en batterie au sud de cette localité. Aussitôt les mitrailleuses du 3e bataillon entrent en action, cherchant à gêner les opérations de ces batteries.

Dès 9 h. 30, de nombreux groupes ennemis se dirigent vers le ravin où se trouve Aiguizy et se rassemblent en ce point. Malgré un tir de 75 exécuté dès ce moment, le mouvement de rassemblement ennemi se continue et s'amplifie toute la matinée. A midi, des contingents ennemis importants sont massés dans les ravins à 1.200 mètres de notre ligne d'avant-postes, en particulier dans le petit ravineau qui aboutit au hameau de Berthenay. Dès 13 heures, ce point est d'ailleurs occupé par l'ennemi.

A partir de ce moment, l'artillerie allemande est entrée en action et bombarde de façon intense nos positions. Il est certain qu'une attaque ennemie est en préparation ; elle est imminente.

Peu après 15 heures, cette attaque se déclenche en effet. Le combat s'engage presque aussitôt, violent. L'infanterie allemande se porte à l'attaque, précédée de barrages roulants d'artillerie, en débouchant de Berthenay et en direction sud et sud-est. Le tir d'artillerie est très intense et nous cause de lourdes pertes ; mais notre ligne ne bouge pas.

Les deux compagnies de droite du 2e bataillon ont été attaquées avec violence et ont subi des pertes graves ; elles ont résisté cependant avec bravoure ; l'assaillant a essuyé lui aussi, des pertes sanglantes.

La 11e Cie, la Compagnie de gauche du bataillon d'Olizy (3e) a beaucoup souffert du feu de l'artillerie et on craint un fléchissement sur le front de cette unité. Le 1er bataillon maintenu en réserve jusqu'alors, dirige une compagnie sur ce point, tandis qu'un peloton est envoyé d'urgence à Anthenay, en renfort, à la disposition du 2e bataillon.

Sur tout le front, le régiment s'oppose vaillamment à l'avance ennemie; mais, malgré tous nos efforts, l'ennemi réussit à atteindre dès 16 h. 15, la route Passy-Grigny à Romigny qu'il traverse.

La pression ennemie s'accentue sans cesse entre Anthenay et

Olizy et un peloton du 1ᵉʳ bataillon est envoyé sur ce point, afin d'interdire à l'ennemi l'accès des ravineaux situés au sud de cette route, ravineaux propices à des mouvements d'infiltration qui seraient très dangereux.

A partir de 16 h. 45, de nombreuses petites colonnes d'infanterie ennemie progressent pour arriver au contact de notre ligne devant Olizy. La 11ᵉ compagnie a alors subi de très lourdes pertes. Elle résiste cependant avec la plus grande ténacité; mais, sous le nombre, elle est obligée de se replier, ce qu'elle fait en menant un combat superbe. Ce mouvement entraîne un repli de la droite du 2ᵉ bataillon. Tous les efforts sont alors dirigés vers la liaison à établir entre les deux bataillons.

A 17 heures, la poussée ennemie s'accentue sur Olizy.

Sur tout le front, l'ennemi progresse en s'infiltrant partout, des isolés ou des petits groupes s'avancent au contact de nos lignes.

Vers le soir, malgré tous nos efforts, l'ennemi occupe une ligne au sud de la grand'route. Ses éléments groupés entre Olizy et Anthenay constituent une menace grave dont on sent le danger. En effet, vers 22 heures, il réussit à s'infiltrer plus avant entre les deux villages.

Et, prenant Anthenay par le sud-est, il l'attaque en même temps par le nord au moyen d'une puissante poussée, il s'en empare malgré une belle défense de nos troupes au cours de laquelle nous subissons des pertes graves (capitaine Talobre, lieutenant Plo, etc., etc.). A ce moment le reste du 1ᵉʳ bataillon est lancé contre le 2ᵉ bataillon face à Anthenay et le 3ᵉ face à Olizy.

Le 31 au matin, Anthenay est aux mains de l'ennemi. Des éléments du 38ᵉ mis à la disposition du régiment sont disposés face à ce village pour en interdire le débouché vers le sud. Dès 5 heures du matin, l'ennemi est prêt à se porter à l'attaque. De nombreuses colonnes, débouchant de Romigny se portent sur Olizy. Le tir de notre artillerie est alors dirigé sur ces éléments dont la progression continue néanmoins, presque sans interruption.

Le combat d'infanterie s'engage. Il sera extrêmement violent. Nos fractions opposent une défense acharnée. Nos pertes sont très lourdes ; mais celles de l'ennemi sont énormes. Malgré nos héroïques efforts, l'ennemi arrive aux lisières nord d'Olizy. Un combat violent s'engage dans les rues du village. Nos compagnies reculent pied à pied et l'ennemi finit par occuper Olizy.

Mais, établis à 300 mètres au sud de la lisière, nous empêchons les Allemands d'en déboucher malgré des tentatives répétées ; chaque fois, ils sont repoussés avec des pertes sanglantes.

Des fractions du 38ᵉ, mises à la disposition du 86ᵉ, sont alors poussées à la Maquerelle et vers Olizy.

Enfin, vers midi, malgré ses efforts les plus puissants l'ennemi est arrêté ; il ne peut continuer de progresser.

Durant tout l'après-midi, il cherche à déboucher du village d'Anthenay, mais en vain. Il continue néanmoins à masser ses troupes vers sa première ligne, tandis que son artillerie, très active, bombarde sans arrêt nos positions. Une grosse attaque ennemie est en préparation ; on s'y attend pour le lendemain 1ᵉʳ juin.

Le 1ᵉʳ juin au matin, Olizy et Anthenay sont aux mains de l'ennemi qui, dès 4 heures, déclenche un bombardement très violent sur tout le front du régiment. Quelques instants après son infanterie se porte à l'attaque, précédée de barrages roulants. Notre tir de barrage, déclenché rapidement, ne réussit point à arrêter la progression ennemie.

La défense opposée par le 86ᵉ est remarquable, acharnée, et les Allemands subissent des pertes énormes malgré lesquelles ils avancent quand même, en raison de leur poussée massive. L'attaque parvient à franchir la route de Châtillon à Olizy ; elle atteint le hameau de Violaine, après s'être heurtée à une défense superbe. Mais elle paye chèrement sa progression. Attaquant en masses, l'ennemi jonche le sol de ses cadavres. Il se porte à l'assaut de la Maquerelle, défendue âprement par nos troupes qui ne se replient qu'en combattant avec la plus belle énergie. Nos pertes sont lourdes.

C'est là que l'ennemi se heurte à des mitrailleurs du 1ᵉʳ bataillon. Le mitrailleur Rouchy Henri, tireur, s'offre comme volontaire pour arrêter l'ennemi, pendant que le reste de sa section va se replier un peu en arrière. Le chargeur qui reste avec lui est tué. Mais seul, Rouchy assure avec un sang-froid extraordinaire le service de sa pièce et cause de véritables pertes à l'ennemi, et retarde considérablement son avance. Mais bientôt, soumis à des feux violents des mitrailleurs adverses, il reçoit une balle au-dessus du cœur et tombe. L'ennemi avance et arrive à la pièce de Rouchy qui ne remue pas, il n'est cependant que blessé.

L'assaillant le croit mort et emporte la pièce. Mais Rouchy n'a pas perdu son sang-froid. Bien que gravement atteint, il observe les mouvements ennemis, et profitant d'un instant propice, il se lève, il part, s'échappe, rejoint notre ligne ; il reçoit la médaille militaire. Ce jour-là, les actes de bravoure ont été innombrables ; il serait vain de chercher à les citer tous.

Vers la droite du régiment, par suite du repli sur le plateau de Jonquery, l'ennemi s'infiltre et sa menace oblige notre droite à se retirer légèrement. C'est vers ce point qu'une liaison précaire nécessite des reconnaissances audacieuses et périlleuses, mais exécutées avec la plus grande bravoure.

Malgré son puissant effort, l'ennemi est nettement arrêté dès 8 h. 30 par la défense tenace que le régiment lui a opposée. A partir de midi, toute notre ligne est d'ailleurs parfaitement soudée.

Au cours de l'après-midi, le 3ᵉ bataillon, qui a été très éprouvé au cours des sanglants combats qu'il a menés à Olizy et à Violaine, est retiré de la première ligne. Il se rend à Villers-sous-Châtillon pour se réorganiser.

Jusqu'au soir, l'ennemi continue à se masser au sud d'Anthenay. Ses intentions sont très nettes ; il va nous attaquer prochainement, sans doute le lendemain matin.

Le 8 juin au matin, le régiment est dispersé sur une ligne un peu en avant des lisières nord du bois de Rarrey.

Dès 4 h. 15, l'ennemi engage la lutte par une vigoureuse action d'artillerie. Les lisières du bois sont bombardées avec violence par obus, mines et grenades. Tout le bois de Rarrey est fouillé par des obus de gros calibre.

A 6 h. 10, l'infanterie ennemie se porte à l'attaque sur tout le front à l'ouest de la route de Châtillon à Olizy. Le 86ᵉ oppose alors la défense la plus opiniâtre, la plus magnifique qu'il est possible pour des troupes qui combattent depuis trois jours et trois nuits.

L'ennemi doit arriver à la Marne coûte que coûte. Il ne compte plus ses pertes. Mais le 86ᵉ l'empêche de réaliser ses projets.

Ce jour-là encore, de superbes actes de bravoure sont réalisés. Le caporal Durand, gravement contusionné reste sur le terrain évanoui, et reste pendant une demi-heure sans connaissance. Lorsqu'il revient à lui, ses camarades se sont retirés à 200 mètres en arrière environ, il se met à leur recherche. Soudain, il aperçoit une mitrailleuse française avec tous ses servants tués. Durand charge péniblement la pièce sur ses épaules. Cible vivante offerte à des feux violents de l'infanterie ennemie, il se dirige vers nos lignes au prix de mille peines et de mille dangers; il arrive enfin au milieu de ses camarades avec sa mitrailleuse. Il reçoit la médaille militaire.

Malgré ses efforts les plus considérables, malgré sa préparation

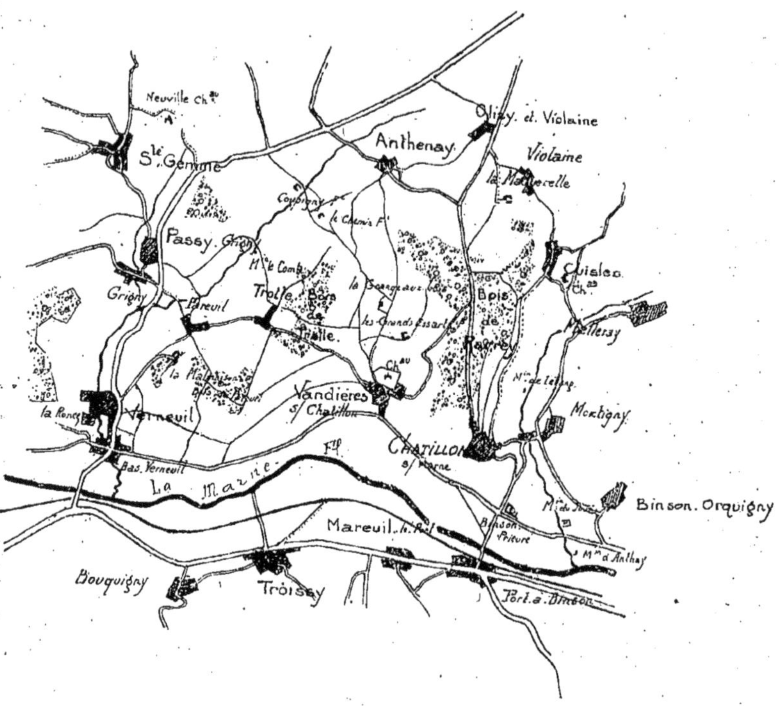

intense d'artillerie, l'ennemi ne réussit pas à progresser; son attaque est finalement brisée. Notre ligne est maintenue intégralement, grâce à la superbe ténacité de nos braves soldats du 86ᵉ qui ne veulent plus que l'ennemi passe.

En résumé, après quatre jours et trois nuits de combats très durs au cours desquels l'ennemi a mis en œuvre des moyens puissants, en artillerie et en effectifs, le 86ᵉ, déployé sur un front de six kilomètres, a tenu, a résisté avec la plus belle énergie, la plus grande ténacité.

Ses pertes ont été lourdes ; mais celles de l'ennemi l'ont été bien davantage.

Les hommes ont été admirables. Partout, ils ont montré leur résolution d'arrêter l'ennemi et ont fait preuve du plus grand mépris de la mort et du plus complet esprit d'abnégation et de sacrifice.

Le régiment est cité à l'ordre du jour de la cinquième armée.

« Jeté dans une violente bataille en travers d'un ennemi très « supérieur en nombre, a, sous la vigoureuse impulsion du lieu- « tenant-colonel SAUTEL, réussi après trois jours de combats inin- « terrompus, avec une rivière à dos, grâce à sa bravoure, à sa « ténacité et à son esprit de sacrifice, à arrêter les forces allemandes « et à les fixer en leur infligeant des pertes très élevées ».

Après un rapide repos de quelques jours à Villers-sous-Châtillon, les bataillons remontent successivement en ligne dans la région du bois de Rarrey et du bois de Trotte.

Puis tout le régiment entre en secteur au nord de la Marne, à l'ouest de Vandières. Là, il se met à l'ouvrage avec ardeur pour organiser solidement les positions qui lui sont confiées. Le secteur est très calme. Seules, quelques patrouilles donnent de l'activité.

Le 28 juin au soir, l'ennemi, qui a tenté un coup de main sur un de nos postes du bois de Trotte, est repoussé énergiquement sous un feu précis de fusils-mitrailleurs et de grenades. La région est maintenant superbe ; c'est le début de l'été. Le séjour dans le secteur de Vandières est agréable. Il se prolonge ainsi jusqu'au début de juillet. Le 3 de ce mois, le 86ᵉ est remplacé par un régiment de la 8ᵉ division et passe en réserve d'armée dans la région sud d'Epernay, à Grauves, Moslins et Mancy.

Mais le repos escompté dans cette région sera très bref.

L'OFFENSIVE ALLEMANDE DU 15 JUILLET : POURCY

Le 86ᵉ est au repos dans la région de Grauves depuis trois jours lorsqu'il est alerté le 6 juillet. Dès le 6 au soir il franchit à nouveau la Marne à Epernay et à Cumières et vient stationner dans la région de Hautvillers-Saint-Imoges-Roméry.

La journée du 7 est employée aux reconnaissances du secteur

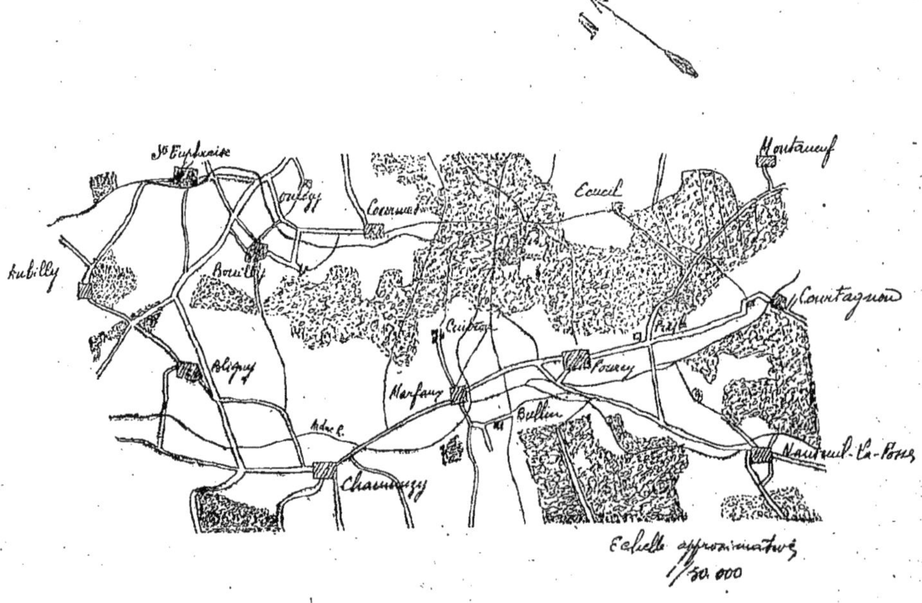

15 kilomètres sud-ouest de Reims, région de Pourcy, Marfaux, dans la vallée de l'Ardre, dans les avancées nord-ouest de la forêt de Reims.

Le 8 juillet, dans la matinée, on apprend que l'ennemi prépare une imminente et formidable attaque de grand style, attendue pour la nuit du 8 au 9, au plus tard pour celle du 9 au 10. Dès le 8 au soir, le régiment va occuper une position de soutien, au nord de Pourcy, derrière la 3ᵉ division italienne. A gauche le 86ᵉ est en liaison sur l'Ardre, avec le 408ᵉ, à droite avec le 75ᵉ régiment Italien dans le bois d'Ecueil.

Le 1ᵉʳ bataillon est aux ordres directs de la division italienne et stationne dans la région de Courmas.

La majeure partie de la position est couverte par les bois de Pourcy et d'Ecueil. La vallée de l'Ardre permet seule des vues sur Marfaux, Chaumuzy, la montagne de Bligny où le corps italien a livré récemment de durs combats.

L'attaque annoncée pour la nuit du 8 au 9 ne se produit pas, et, du 9 au 13 juillet, les bataillons travaillent à leur installation et à l'amélioration des organisations défensives.

Le 13 juillet, nouvelle alerte : l'attaque est prévue pour la nuit prochaine. Cette fois encore, l'attente est vaine et la journée du 14 se passe dans le calme.

Le 15 juillet à minuit, lorsque, brutalement, l'ennemi déclanche son bombardement, chacun est prêt et attend l'attaque.

Dès le début, Pourcy reçoit de nombreux obus toxiques et explosifs, tandis que ses abords nord-ouest sont soumis à des tirs d'obus de gros calibre visant à la destruction des nombreuses batteries qui y sont installées. Le bombardement est vraiment intense, infernal, un des plus terribles qui se soient vus au cours de la guerre.

Jusque vers cinq heures, le régiment qui est toujours sur ses emplacements de soutien, n'a pas de renseignements précis sur la situation de la première position. Il apparaît cependant que l'ennemi a attaqué avec violence sur le front des troupes italiennes qui tiennent la rive gauche de l'Ardre et que son attaque s'étend vers la gauche. Vers 6 h. 45, on apprend que l'ennemi s'infiltre dans le bois de Courton après avoir bousculé les troupes du bois des Eclisses, à 4 kilomètres à l'ouest de Marfaux.

Dès 8 heures, des éléments allemands sont en progression sur ce village. Durant toute la matinée, le bombardement ennemi se maintient très violent.

Devant la menace que crée l'infiltration adverse dans le bois de Courton et sur Marfaux, la défense de Pourcy est sérieusement renforcée, et assure ainsi une liaison solide entre le régiment et le 408ᵉ. Mais l'ennemi a traversé l'Ardre à Bligny, à Chaumuzy et se porte résolument à l'attaque du bois de Reims qui, bombardé avec une extrême intensité, est abandonné. L'ennemi occupe rapidement cette position.

Durant tout le jour, malgré l'action de notre artillerie qui prend immédiatement à partie les nombreuses petites colonnes ennemies qui lui sont signalées, le mouvement d'infiltration adverse se poursuit sans arrêt devant le front du régiment. Le bombardement allemand nous a causé, dès ce premier jour, des pertes sensibles, particulièrement au 2ᵉ bataillon dont la compagnie de mitrailleuses est très éprouvée.

La nuit du 15 au 16 juillet est relativement calme; l'ennemi continue à bombarder de façon intermittente nos positions et nos communications.

Le 16, dès 6 heures, le mouvement ennemi reprend. De Sarcy, de Bligny, des colonnes importantes marchent vers le sud, et la vallée de l'Ardre. Notre artillerie agit vivement mais ne peut empêcher la progression des éléments allemands qui, partant du bois de Reims, se dirigent vers les ravins au nord-est de Marfaux, devant le front du régiment.

A partir de midi, le bombardement ennemi est continué, tandis que des fractions d'infanterie progressent, s'infiltrent en avant de Marfaux, à Cuitron et se massent dans le ravin du Clos de Cuitron. Ce bombardement, ce mouvement ne laissent bientôt plus de doute sur l'intention de l'ennemi. Une attaque est en préparation pour être déclanchée durant la nuit prochaine ou le lendemain. Les points de rassemblement ennemis sont bombardés avec vigueur. Le soir, chacun est averti et prêt à recevoir l'attaque.

Sur la rive gauche de l'Ardre, l'ennemi a réussi à créer une brèche dans le bois de Courton et s'y est infiltré. La situation en ce point devient critique. Un bataillon du 38ᵉ tenu jusqu'alors en réserve aux abords de la ferme Ecueil, est dirigé sur cette brèche. Vers le soir, la situation s'étant améliorée, et la menace de l'attaque ennemie sur le front du régiment devenant plus nette, ce bataillon reprend ses positions de réserve vers Ecueil, prêt à agir sur le front du 86ᵉ et plus particulièrement à droite à la soudure avec les éléments italiens.

Le 1ᵉʳ bataillon du 86ᵉ est toujours sous les ordres du général commandant la 3ᵉ division italienne et subit des bombardements excessivement violents dans la région de Courmas.

Cependant, le 16 juillet au soir, les Allemands ont poussé hardiment à travers le bois de Courton et leurs patrouilles arrivent jusqu'à Nanteuil-la-Fosse, à 3 kilomètres au sud de Pourcy. La menace est grande, mais il faut tenir. Le 86ᵉ se cramponne au terrain, à Pourcy, et reste sur ses emplacements prenant toutes dispositions pour parer à ce danger venant du Sud.

Les pertes du régiment ont été lourdes pendant la journée du 16.

Pendant toute la matinée du 17 juillet, le bombardement ennemi se maintient très vif sur notre position. Dès le matin, le mouvement d'infiltration de l'infanterie ennemie est repris et de nombreux éléments poussent jusqu'au contact de nos lignes. Les ravins du Clos de Cuitron et le ravin au Sud-Est de Courmas sont utilisés pour ces cheminements et constituent des centres de rassemblement importants. Notre artillerie exécute sur ce point des tirs énergiques de contre-préparation, tandis que nos mitrailleuses dirigent des feux intenses sur les lisières du bois de Reims, d'où partent les fractions ennemies.

Malgré tous nos tirs, les Allemands continuent leurs mouvements et augmentent sans cesse leur densité devant notre ligne, en particulier devant le front tenu par le 2ᵐᵉ bataillon. La menace est sérieuse ; l'attaque est imminente.

A partir de 13 heures, l'ennemi redouble la violence de son bombardement sur cette position, et le maintient ainsi jusque vers 15 h. 30.

A ce moment, l'infanterie adverse se porte à l'attaque. Mais elle est attendue ; elle est reçue immédiatement par des feux précis de fusils-mitrailleurs, de mitrailleuses et de grenades. Les hommes font preuve, en cette circonstance, de leurs belles qualités de calme et de sang-froid. L'ennemi laisse de nombreux cadavres dans nos réseaux qu'il ne peut réussir à traverser. Il se retire bientôt.

Au cours de cette attaque, les exemples de sang-froid extraordinaire ont été nombreux. Le sergent GRENIER n'hésite pas à se porter en avant à découvert avec une de ses mitrailleuses afin d'exécuter un tir plus précis et terriblement meurtrier. La veille, c'était le soldat HARDY qui, de sa propre initiative, s'était porté à la rencontre d'un groupe pour l'identifier, et qui s'est heurté ainsi à l'ennemi et a rejoint nos lignes sous un feu nourri de mousqueterie.

Mais l'ennemi ne s'en tient pas à son échec. Après quelques instants de répit, il reprend son attaque ; et dès 16 heures, il se lance de nouveau à l'assaut de nos lignes. Sur tout le front du régiment, la ligne ne cède pas ; mais elle fléchit devant les éléments italiens placés à notre droite. La brèche ainsi créée est rapidement exploitée. L'ennemi s'y engouffre et bientôt il occupe la partie nord du bois d'Ecueil et s'infiltre plus au sud. Toute la droite du régiment est ainsi gravement menacée.

C'est alors que le sang-froid et la ténacité de nos troupes vont se montrer. Le sergent RIGAUD déploie « sa demi-section sous un feu violent de mitrailleuses et par l'intensité et par la précision de son tir » oblige l'assaillant à refluer en désordre. Le soldat BOISSAT, agent de liaison, réussit à amener à 50 mètres de l'ennemi un renfort qui va contribuer à rétablir la situation. La droite du 2ᵉ bataillon forme alors un crochet défensif face au nord et pas un pouce de terrain n'est cédé par nos troupes.

D'ailleurs, la rupture ne subsiste pas. Etayés par des éléments du 2ᵉ bataillon, ralliés par leurs gradés, les Italiens qui ont fléchi se ressaisissent. Ils mènent une vigoureuse contre-attaque qui rétablit bientôt la situation.

A 18 heures, l'ennemi, qui s'est heurté à la ténacité du 86ᵉ, a subi un échec complet. Le front du régiment n'a pas été entamé ; la situation est parfaitement rétablie.

Au cours de cette journée, nos pertes ont été très lourdes, particulièrement au 2ᵉ bataillon.

Jusqu'au 18, à 2 heures du matin, le front reste calme mais à partir de cette heure c'est le bombardement ennemi : obus toxiques et obus explosifs tombent nombreux sur nos lignes.

Durant toute la journée du 18 juillet, l'ennemi ne prononce aucune attaque d'infanterie, mais il canonne nos positions avec violence.

Le 1ᵉʳ bataillon du régiment, qui est toujours resté aux ordres du général commandant la 3ᵉ division italienne, est mis à la disposition de la 2ᵉ division d'infanterie coloniale qui est en ligne au nord du 86ᵉ. Pendant tous les jours qui suivront, des éléments de cette division vont exécuter une série de contre-attaques dans la région de Courmas, Bouilly, Sainte-Euphraise. Le 1ᵉʳ bataillon subira, de ce fait, des tirs violents de réaction de l'artillerie ennemie, qui lui causeront de grosses pertes.

A partir de 2 h. 30, l'ennemi reprend, le 19 juillet, le bombardement de notre position, battant surtout le front occupé par le 2ᵉ bataillon. A partir de ce moment, l'ennemi ne réagit plus que par son artillerie et il le fait avec une grande violence ; mais son infanterie n'attaque plus ; elle reste passive et doit subir nos attaques.

Le 20, au matin, trois bataillons de la 62ᵉ division britannique sont en position à proximité de nos lignes et se portent à l'attaque à 8 heures. Les réactions de l'artillerie ennemie nous causent de lourdes pertes ; et cette situation se prolonge jusqu'au 25 juillet.

A cette date, le 86ᵉ est remplacé définitivement par des éléments britanniques ; il se retire de la bataille.

Après un séjour de 24 heures, dans le bois, à proximité de Saint-Imoges, le régiment est enlevé en autos, traverse la Marne à Epernay et vient stationner dans la région de Saint-Amand-sur-Fion (sud-est de Châlons-sur-Marne) où il reste en réserve.

Ainsi, deux fois, le 86ᵉ a été appelé à s'opposer à l'avance ennemie, deux fois il a réussi. Mais ses pertes ont été grandes. Sur le champ de bataille d'Anthenay et Olizy, il a perdu 825 hommes et 17 officiers ; devant Pourcy, il a perdu 575 hommes et 5 officiers.

LE MORT-HOMME — L'ARGONNE

Après un séjour de quelques jours dans la région de Saint-Amand-sur-Fion, le 86e est transporté, le 3 août, par camions

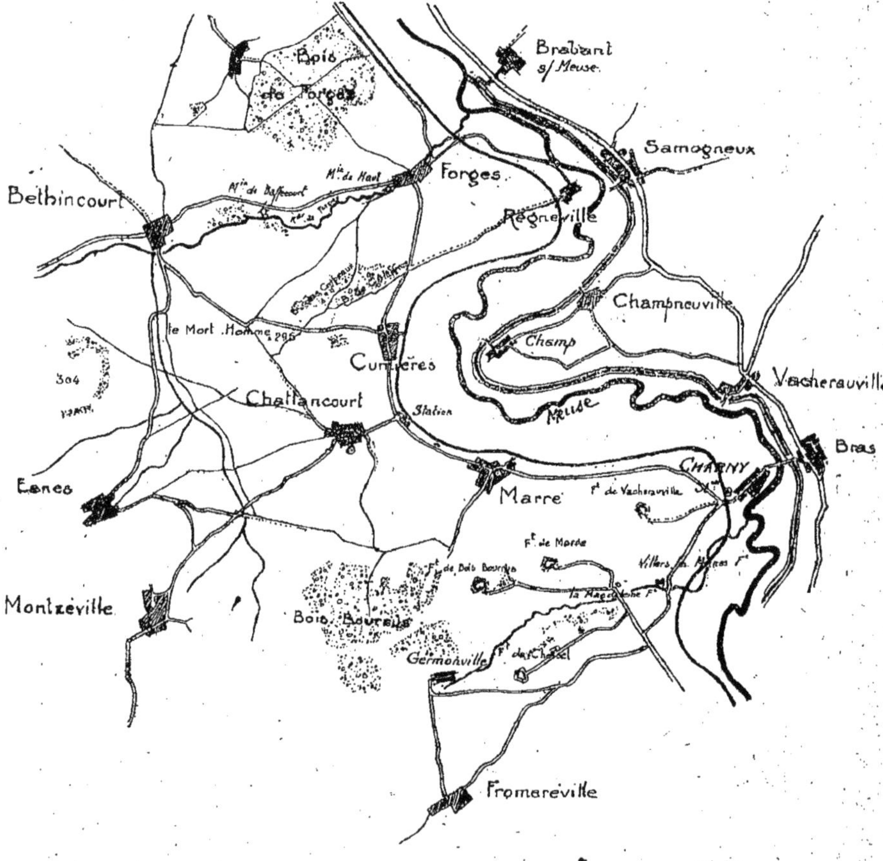

automobiles dans la zone de Jubécourt-Blercourt (sud-ouest de Verdun) où il séjourne jusqu'au 8 août.

A cette date, il entre en secteur dans la région célèbre du Mort-Homme et de la côte de l'Oie.

Le secteur ne ressemble pas, certes, à ce qu'il était en août 1917 lorsque nos troupes l'ont reconquis. — C'est le calme — c'est un secteur de repos. Le bois des Corbeaux et de Cumières ne présentent toujours qu'une série de petits troncs noircis. Le Mort-Homme reçoit de nombreuses visites ; on y vient voir les fameux tunnels qui le traversent. A l'Ouest, la cote 304 apparaît toute blanche et parfaitement calme. A l'est, le secteur est limité par la Meuse dans la vallée de laquelle on cherche en vain ce que furent jadis les paisibles villages de Cumières et Chattancourt.

Le secteur se prête à de nombreuses patrouilles et embuscades dans la région du ruisseau de Forges.

Le régiment reste un mois environ dans cette région, où il est relevé à partir du 8 septembre, par un régiment américain.

Du 8 au 12 septembre, par étapes, le 86e s'approche de la grande forêt d'Argonne où il relève un régiment italien dans le secteur de Courte-Chausse.

Mais le séjour dans ce nouveau secteur ne se prolonge pas ; et dès le 19, le régiment est remplacé par un régiment américain.

Il se rend alors en réserve dans la région à quelques kilomètres au sud de Sainte-Menehould (Ante, Villers-Daucourt). Il est à la disposition du général commandant la IVe Armée qui va très prochainement participer à une offensive de grande envergure. — Le 86e va prendre encore une belle et glorieuse part dans l'offensive de la IVe Armée.

L'Offensive Française

I. — VOUZIERS

Le 26 septembre au matin, l'attaque française est déclanchée sur tout le front de la IVe Armée, sous les ordres du général Gouraud. La division est à la disposition du général commandant le 9e Corps d'armée.

Dès le 27 au soir, le 86e se met en marche vers le Nord-Ouest et va stationner à 3 kilomètres nord-ouest de Courtemont où il reste jusqu'au 29 au matin.

Notre offensive a réussi à enlever les formidables positions ennemies de la Main-de-Massiges et de la butte de Menil, zone dans laquelle le 86e est appelé à opérer derrière la 2e division marocaine.

Le 29 au matin, le régiment se met de nouveau en marche et, après avoir marqué un temps d'arrêt, près de là ferme Beauséjour, il se rend jusqu'à la vallée de la Dormoise, près de Ripont. Le terrain traversé est celui des anciennes premières lignes ; il est complètement bouleversé, défoncé. Les quelques pistes qui traversent le terrain sont elles-mêmes boueuses, pleines de trous d'obus, encombrées de réseaux, de matériaux de toutes sortes. Ce fut une étape excessivement difficile, par un temps pluvieux et très froid.

Le 30, au matin, le 86e fait un nouveau bond vers le Nord et stationne à proximité de Gratreuil. Les villages de la région sont complètement anéantis : Ripont n'existe plus, Gratreuil a disparu.

Dans la nuit du 29 au 30, la 120e division a relevé la 2e division marocaine avec deux régiments et mène le combat. Le 86e est maintenu en réserve.

Les éléments de tête de la division sont au sud de la crête

célèbre : Croix-des-Soudans, cote 195, qui constitue une véritable barrière, s'oppose à notre progression.

Dès le 30, une attaque vise à la conquête de cet objectif. Le 1ᵉʳ bataillon du 86ᵉ se porte vers le nord aux abords du village de

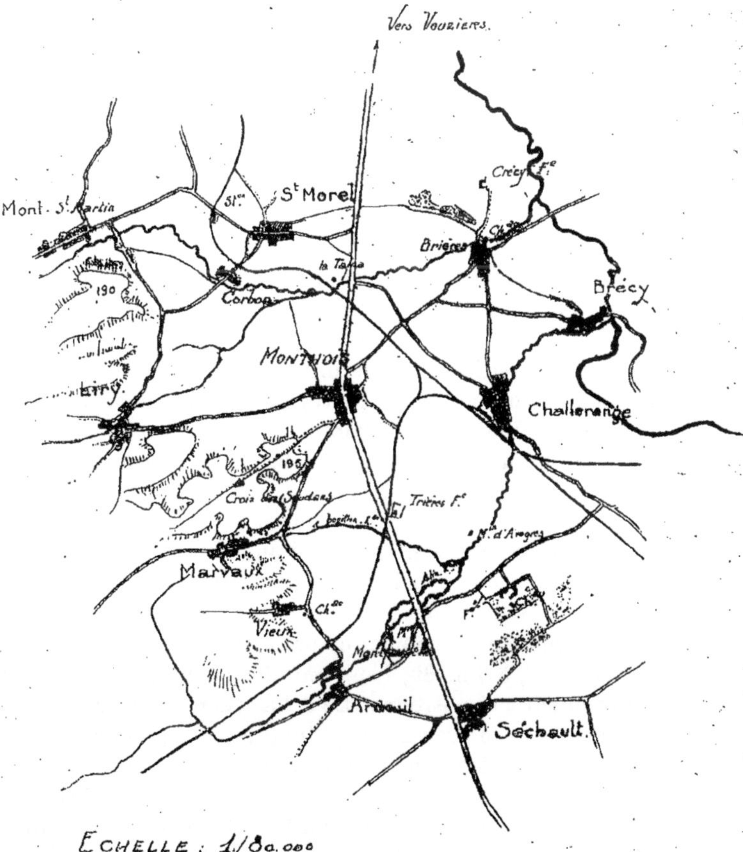

Vieux. Les objectifs fixés ne sont pas atteints. L'artillerie ennemie, très active, a déjà causé des pertes au 1ᵉʳ bataillon qui est alors retiré vers le ruisseau Alin afin de la soustraire le plus possible aux tirs ennemis.

Une attaque méthodique est alors montée pour enlever les

objectifs fixés. Cette attaque est exécutée le 2 octobre. Tout le 86ᵉ
s'est porté en avant ; toujours en réserve, mais prêt à intervenir
dans la bataille.

Après une préparation d'artillerie intense, l'attaque est déclanchée à 11 h. 50. Nos éléments progressent vers la gauche et
atteignent le pylône de la Croix-des-Soudans. A droite, ils s'accro-
chent aux pentes sud de la cote 195 dont ils bordent le chemin de
crête. Mais malgré les plus beaux efforts, la progression s'arrête
là. L'ennemi tient très solidement le reste de ces positions qu'il
défend avec énergie.

L'ennemi attend la reprise de notre attaque pour le lendemain ;
aussi, durant toute la nuit, il exécute des tirs violents de contre-
préparation. Après une matinée relativement calme, les Allemands
mènent une contre-attaque pour chasser nos éléments du sud de la
cote 195. Le 1ᵉʳ bataillon du 86ᵉ est poussé en avant et entre en
ligne, aux abords du « Spitzberg » dans la nuit suivante, relevant
un bataillon du 408ᵉ ; relève excessivement pénible par suite du
feu violent de l'artillerie et des mitrailleuses adverses.

Les deux autres bataillons du régiment sont alors en position
d'attente entre Vieux et Marvaux.

La situation du 1ᵉʳ bataillon, aux bords du plateau 195, est très
délicate. Les hommes terrés dans des trous individuels ne peuvent
remuer sans être pris immédiatement à partie par les mitrailleuses ennemies, très vigilantes et d'une activité incessante.

Le 2ᵉ bataillon entre en ligne, à son tour, à gauche du 1ᵉʳ, près
du pylône de la Croix des Soudans et le 5 au matin, deux bataillons du 86ᵉ mènent le combat en première ligne.

Le 5 octobre, à 6 h. 30, l'ennemi déclenche un violent tir de
préparation sur nos positions. Le 3ᵉ bataillon en réserve est immédiatement alerté. Peu après, l'infanterie ennemie se porte à
l'attaque, particulièrement vive devant le front tenu par le 1ᵉʳ bataillon à la cote 195. Mais l'effort de l'adversaire est brisé par la
belle défense que lui oppose ce bataillon ; l'ennemi est refoulé dans
ses lignes ; toutes les positions tenues par les deux bataillons du
86ᵉ sont intégralement maintenues ; bien que nos pertes aient été
dures.

Le reste de la journée du 6 est relativement calme ; les positions
occupées sont améliorées. Le feu de l'artillerie adverse se maintient cependant violent et augmente d'intensité durant la nuit du
6 au 7 octobre.

Les journées suivantes, 7 et 8 octobre sont employées à l'amélioration des tranchées très rudimentaires que nous occupons.

Le 9 octobre, l'artillerie allemande manifeste une extraordinaire activité : (obus toxiques et explosifs) et bat particulièrement les emplacements occupés par le 3e bataillon en réserve. Ce bombardement par obus toxiques, nous causant des pertes sérieuses par intoxication.

Dans la nuit du 9 au 10 octobre, un renseignement téléphoné fait connaître que des indices de repli de l'ennemi s'accumulent. Des reconnaissances sont alors poussées en avant, dès le 10, de 2 à 5 heures ; elles ne peuvent progresser et sont accueillies par des feux de mitrailleuses. Vers 6 h. 45 le commandant du 2e bataillon (commandant COMPAIN) s'aperçoit que la droite de son bataillon n'est plus battue. Il se risque sur le parapet de la tranchée, puis pousse en avant. Il arrive ainsi au bord nord de la croupe ; le vide partout. Il pousse aussitôt une de ses compagnies en avant. Cette unité dévale les pentes nord du plateau des Soudans. Le reste du bataillon suit de près et atteint bientôt la route Liry-Monthois. L'artillerie ennemie couvre le repli de l'infanterie et bat violemment les pentes nord du plateau : Croix des Soudans et cote 195.

Bientôt, le 1er bataillon, qui a suivi le mouvement en avant, déborde Monthois par l'ouest. Malgré les grosses difficultés que présente le terrain marécageux coupé de deux ruisseaux, malgré le barrage de l'artillerie adverse, le ruisseau de Liry, les lisières de Corbon et la voie ferrée sud de Saint-Morel sont atteints par les 1er et 2e bataillons.

Aux lisières sud de Corbon et de Saint-Morel, l'ennemi résiste par des feux intenses de mitrailleuses et d'artillerie, nos pertes sont sérieuses ; mais nos hommes sont admirables d'entrain et passent une nuit très pénible au ruisseau de Liry et à la voie ferrée sud de Saint-Morel. Au cours de cette journée, un butin considérable est tombé entre nos mains (mitrailleuses, mitraillettes, stocks de fourrages au sud-ouest de Monthois, dépôts de munitions, outils, etc).

Dès le 11 octobre au matin, le mouvement en avant est repris en direction nord-est. L'artillerie adverse, très active, nous gêne considérablement ; mais les deux bataillons de tête du régiment vont de l'avant. Corbon est enlevé ; Saint-Morel est bientôt débordé par l'ouest ; ses défenseurs sont tués sur place ; les cadavres trouvés dans le village attestent l'opiniâtreté de la défense de ce point d'appui dominant la région. Des Allemands de Saint-

Morel ont cependant fui vers l'Aisne et tombent entre les mains du 76e régiment d'infanterie qui opère à notre droite.

Le 1er bataillon déborde Saint-Morel par l'est, progresse et pousse les éléments d'arrière-garde ennemie. Il atteint les hauteurs dominant Savigny et pousse immédiatement dans ce village où il trouve un important matériel, entre autres un dépôt comportant plus de 400.000 projectiles de tous calibres (une quantité équivalente avait déjà sauté).

Dès qu'il a encerclé et traversé Saint-Morel, le 2e bataillon progresse résolument et arrive à hauteur du 1er dès la fin de l'après-midi.

Au cours de la journée du 11, un matériel important est resté entre nos mains. A Saint-Morel, une trentaine de mitrailleuses lourdes et légères sont trouvées ; un gros dépôt de munitions d'artillerie (200.000 obus de 105 ou de 210). Des dépôts d'outils et de matériel de chemin de fer tombent en notre possession.

Dans la nuit du 11 au 12, le régiment, qui faisait face au nord-est, prend un dispositif face au nord. Ce changement de direction est particulièrement pénible en raison de la très grosse fatigue des troupes et de l'obscurité de la nuit, à travers un terrain ne fournissant aucun point de repère. Mais il faut être en place pour marcher, dès l'aube, sur Vouziers ; chacun le sait et veut aboutir.

Le 12, à 6 heures, le régiment est face au nord et reprend vivement sa progression.

L'artillerie ennemie, tirant des hauteurs est de l'Aisne et prenant les bataillons de flanc, se montre très active. Le 2e bataillon souffre particulièrement en traversant le ruisseau des Daims, en débouchant de la ferme La Chambre aux loups et en abordant le plateau sud de Vouziers.

Le 3e bataillon mène la marche, en première ligne, et parvient rapidement aux lisières sud de Vouziers.

Dès 9 h. 30, le premier élément français aborde la ville ; la 9e compagnie traverse Vouziers. — Le reste du 3e bataillon se porte au nord et s'établit solidement à hauteur des casernes, tandis que le 2e bataillon, orienté sur la lisière est, va chercher à franchir l'Aisne.

Mais les ponts sont coupés et la vallée inondée. Cependant, sur les débris du pont, quelques éléments réussissent à s'infiltrer sur la rive droite. Cette infiltration est exécutée en rampant, dans l'eau, sous un feu violent de mitrailleuses partant de la ferme

Misset, de la Providence et des côtes de Chestres. Mais la route est coupée à 1500 mètres du pont détruit ; une mitrailleuse ennemie installée au-delà de cette coupure, tire sans arrêt.

L'artillerie ennemie crible Vouziers de projectiles. Il faut organiser le passage.

La légère tête de pont qu'a pu organiser le régiment demeure

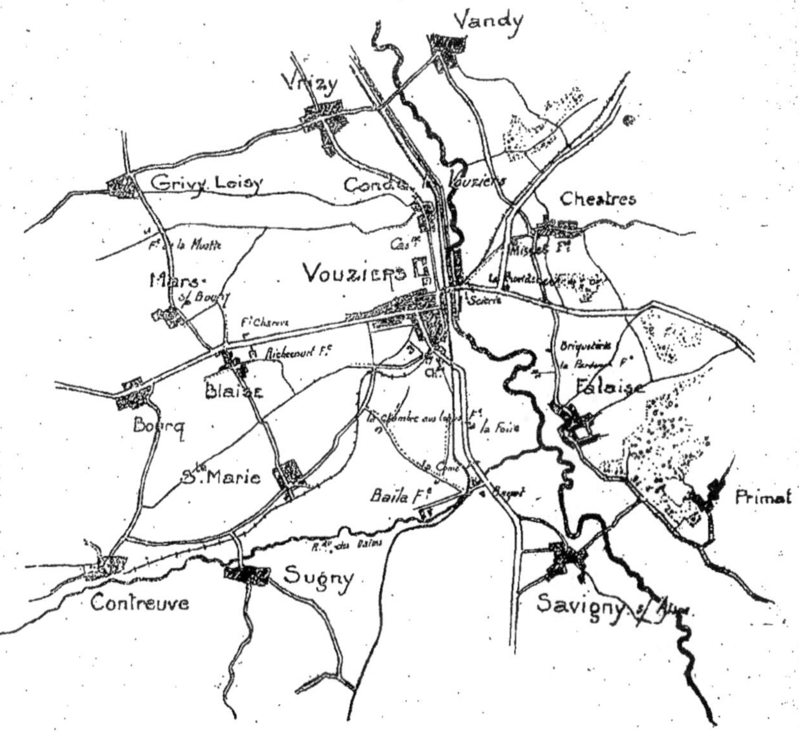

ainsi sous le feu constant des mitrailleuses, et, pour la suite des opérations, il faut assurer la conservation du terrain conquis.

Plusieurs tentatives sont exécutées en vue de déboucher sur la rive droite de l'Aisne ; mais en vain. Une fraction de la 9ᵉ compagnie, sous la conduite du sous lieutenant CARLES, tente de s'infiltrer, par la voie étroite se dirigeant vers le nord-est. Elle réussit à progresser de 300 mètres environ ; mais est bientôt obligée de s'arrêter sous un feu extrêmement violent de mitrailleuses partant de la ferme Misset. Elle ne peut alors ni avancer ni reculer ; sa situation est très critique. Pour la dégager, un barrage d'artillerie est exécuté. Cette tentative, menée par 15 hommes et 4 brancardiers, a coûté 12 pertes.

Le lendemain matin, 13 octobre, de nouveaux essais de progression sont tentés. Mais, malgré la résolution et les efforts de tous, il est impossible de franchir l'Aisne.

Le 14 au soir, le régiment est relevé sur ses emplacements par le 65e régiment d'infanterie.

Pendant cette période de combats, il a perdu 500 hommes et 10 officiers, mais il a enlevé à l'ennemi plusieurs centaines de milliers d'obus de tous calibres, plusieurs dizaines de mitrailleuses, une quantité considérable de munitions d'infanterie, plusieurs centaines de quintaux de fourrages, plusieurs canons, un important matériel de voie ferrée, des caissons, un dépôt de plus de 50.000 outils, un dépôt de vivres considérable à Vouziers, un dépôt de 100 machines agricoles, etc, etc. La rapidité des opérations n'a pas permis au régiment de dénombrer exactement le matériel capturé.

Les résultats acquis donnent au régiment la satisfaction du devoir parfaitement accompli. Les très grosses fatigues supportées avec bonne humeur ; l'entrain endiablé à talonner sans répit l'ennemi ; la bravoure spontanée dans toutes les circonstances du combat, sont les raisons de sa légitime fierté.

Le 86e est alors cité à l'ordre du jour de la IVe armée et obtient la fourragère.

« Régiment d'une solidité à toute épreuve. Malgré les pertes et
« les fatigues endurées au cours des deux marches d'approche, est
« rentré dans la bataille sous le commandement du lieutenant-
« colonel Sautel, avec un entrain admirable. Après avoir repoussé
« les contre-attaques de l'ennemi est passé à l'offensive, chassant
« devant lui les arrière-gardes allemandes, capturant un matériel
« considérable. Est entré le premier à Vouziers, le 12 octobre 1918
« et a immédiatement jeté une tête de pont sur la rive droite de
« l'Aisne en dépit des obstacles et sous un feu meurtrier, gardant,
« après quinze jours de bataille, un moral et un esprit offensif re-
« marquables.

Relevé le 14 octobre, le régiment se rassemble au camp d'Orfeuil ;

puis, par étapes, se rend au camp de Châlons où il stationne à Mourmelon-le-Grand.

II. — VANDY

Le 86ᵉ stationne à Mourmelon-le-Grand du 19 au 26 octobre. La division est en réserve de la 4ᵉ armée et remise à la disposition du 9ᵉ corps d'armée le 27 octobre.

A cette date le régiment fait mouvement par voie de terre et remonte vers le nord, par Saint-Soupplet, Saint-Etienne-à-Arnes,

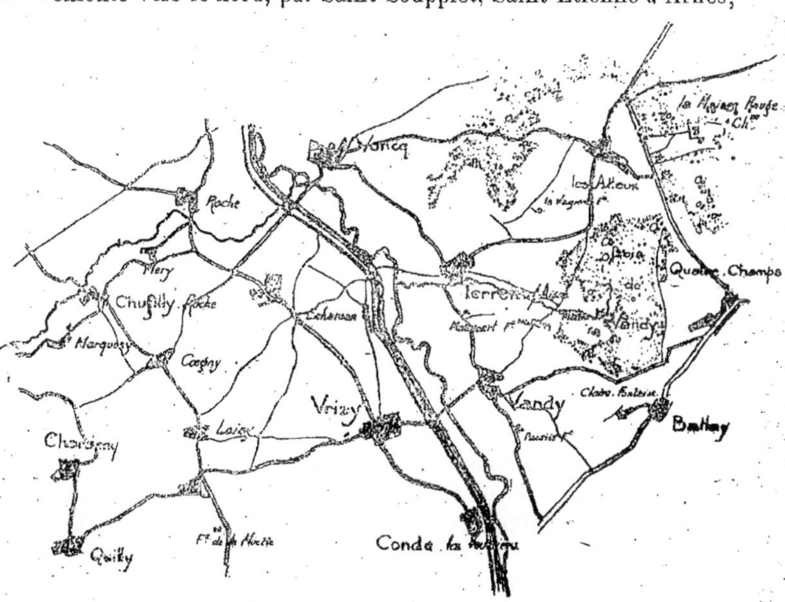

il arrive dans la région de Tourcelles-Chaumont à 10 kilomètres à l'ouest de Vouziers.

Dans la nuit du 30 au 31 octobre, le 86ᵉ relève le 319ᵉ, dans la région de Vandy-sur-l'Aisne. Cette relève est excessivement pénible. Pour se porter de Vrizy (rive gauche) à Vandy (rive droite) il n'existe, en effet, qu'une seule voie d'accès de 1,600 mètres de long, large de 6 mètres, au milieu de la vallée inondée. De plus l'ennemi est averti de cette relève. Un document allemand, retrouvé le 2 novembre, faisait connaître que l'ennemi avait des indications absolument précises sur ce point. Par suite, notre unique voie d'accès est battue avec une violence extrême par l'artillerie ennemie. La traversée de l'Aisne nous coûta ainsi des pertes sévères.

Néanmoins, dès minuit, le 86ᵉ occupe les emplacements fixés, avec deux bataillons en première ligne sur la rive droite et un bataillon maintenu en réserve sur la rive gauche.

Une attaque générale est en préparation. L'ennemi s'y attend, et durant toute la journée du 31 octobre, son artillerie est très active, ainsi que pendant la nuit du 31 octobre au 1ᵉʳ novembre.

Le 1ᵉʳ novembre, à 4 heures, le régiment est en place pour se porter à l'attaque avec deux bataillons en première ligne et un bataillon qui a traversé l'Aisne, en réserve sur la rive droite ; le le 3ᵉ bataillon opère à gauche, le 2ᵉ à droite.

Dès 5 heures, notre artillerie commence les tirs de préparation. L'ennemi déclanche alors des tirs de contre-préparation très violents sur tout notre front.

A 5 h. 45, notre infanterie débouche. Le barrage ennemi est alors très intense. Malgré ce tir et celui de nombreuses mitrailleuses qui se révèlent, nos bataillons se portent bravement à l'attaque.

Le 3ᵉ bataillon subit des pertes très lourdes ; la 10ᵉ compagnie perd successivement tous ses officiers et est réduite, en quelques minutes, à un effectif de 22 combattants. Sa progression est arrêtée ; mais momentanément, car l'adjudant Vendioux va la rallier et l'entraîner vigoureusement en avant.

Le 2ᵉ bataillon progresse malgré de grosses difficultés et atteint le ruisseau de Malva vers 7 h. 30 ; mais, pris violemment à partie par les mitrailleuses ennemies installées aux lisières sud du bois de Montdingon, il stationne quelques instants.

Cependant, grâce à la résolution et au courage des hommes il reprend bientôt son mouvement en avant, devant les exemples magnifiques donnés par le lieutenant Fabre, les sergents Marmoiton, Vaisse, Thévenon, les soldats Gourdon, Philiphe, Négrie, Forestier, Charruel et tant d'autres, qui font des prisonniers et capturent des mitrailleuses.

La droite du 3e bataillon réussit à progresser, grâce à une débauche d'héroïsme, et atteint les pentes sud de la cote 157. Tous les hommes sont admirables ; on ne peut les citer tous : c'est le capitaine BROEGG, le lieutenant CHIFFLOT, les sergents PLANTIN, RAVOUX, TICHET, les soldats VIGOUROUX, ROLLE... et beaucoup d'autres.

Dès 10 h. 15 le 2e bataillon peut reprendre sa progression par infiltration et pénètre dans les bois de Montdingon, après avoir capturé un grand nombre de mitrailleuses.

Le 3e bataillon réussit à occuper entièrement la cote 157 vers 12 h. 30, malgré les feux rapides des mitrailleuses ennemies installées au nord-est, vers la cote 203.

Cette cote 203 est un point excessivement dangereux, important nid de mitrailleuses qui gêne énormément notre progression. On en prépare l'attaque par un feu très intense d'artillerie. Le 1er bataillon est entré en ligne, une de ses compagnies a été portée vers la droite pour établir la liaison entre le régiment et le 161e qui se heurte à une résistance acharnée. Deux autres compagnies sont parties en avant à gauche du 3e bataillon, vers le soir.

Cette première journée de combat a été rude et nos pertes sévères. Néanmoins le cran dont la troupe a fait preuve a été admirable. Malgré des difficultés énormes elle a progressé, s'emparant d'un grand nombre de mitrailleuses et de prisonniers.

La nuit du 1er au 2 novembre est employée à préparer la reprise de l'attaque et à réaliser le nouveau dispositif de départ : deux bataillons en première ligne (2e à droite, 3e à gauche) un bataillon en deuxième ligne (1er).

Ce dispositif est pris pour le 2 novembre à 7 heures. A 7 h. 15, notre artillerie entame la préparation ; l'artillerie ennemie riposte aussitôt et dirige une énergique contre-préparation sur le 3e bataillon. Le 2e bataillon opère sous bois.

A 8 heures, le régiment attaque. Les mitrailleuses ennemies de la cote 203 et du nord-ouest de cette cote ouvrent un feu intense ; on progresse quand même.

A 9 heures, la gauche du 3e bataillon a atteint la cote 203 ; mais y est arrêté par des mitrailleuses. A droite la 2e compagnie a progresssé sous bois de 800 mètres environ.

La marche du 2e bataillon s'effectue par infiltration en manœuvrant les mitrailleuses adverses.

Cependant, sur tout le front, les bataillons se heurtent à chaque instant à des mitrailleuses qui ralentissent énormément notre mouvement en avant et nous causent de lourdes pertes. L'artillerie ennemie réagit avec vigueur avec obus explosifs et obus toxiques.

Vers le soir, la 7ᵉ compagnie a poussé une pointe hardie en s'infiltrant sous bois et se trouve tout près de la route Quatre-Vents, Quatre-Champs.

Cette seconde journée d'attaque a été particulièrement rude et nos pertes graves. Malgré l'action de notre artillerie, les mitrailleuses ennemies sont restées très actives.

Au cours de ces deux jours, les hommes ont fait preuve de la plus grande bravoure et d'un entrain magnifique ; leur moral est resté très élevé malgré les pertes subies et les fatigues supportées sous la pluie.

Dans la nuit du 2 au 3 novembre, le 86ᵉ est relevé sur ses emplacements et passe en réserve.

Dès le 3 au matin, les rudes coups portés par le régiment portent leurs fruits. L'ennemi, épuisé, ayant, lui aussi, subi des pertes considérables, a abandonné la lutte et se retire. Les éléments de tête de la division se portent alors en avant sans trouver de résistance.

Durant les journées suivantes, la progression continue. L'ennemi est poussé vigoureusement. Le 86ᵉ reste en réserve et stationne successivement à Ballay, Maison-Rouge, le Chêne-Populeux, Vandresse. Le 1ᵉʳ bataillon, mis aux ordres du 408ᵉ, mène le combat en première ligne et après avoir enlevé brillamment la ferme de la Chatterie, traverse la Bar, et arrive à la Meuse à l'ouest de Donchéry, le 8 novembre au matin.

Le 9 au soir, tout le 86ᵉ est au bord de la Bar, ses éléments de tête à la Meuse.

Cette période du 31 octobre au 10 novembre a été très pénible ; les combats acharnés des 1ᵉʳ et 2 novembre ont chassé l'ennemi de la rive droite de l'Aisne, grâce à l'entrain et à la volonté de tous.

Ni les pertes subies, ni la pluie et la boue, ni les nuits très froides n'ont pu atteindre le moral des hommes du 86ᵉ qui savaient pouvoir dominer l'adversaire. Le régiment a perdu 350 hommes et 7 officiers. Mais l'ennemi a subi des pertes encore plus sévères, les cadavres restés sur le champ de bataille le prouvent. De plus, l'ennemi nous a laissé plus d'une centaine de prisonniers et au moins 40 mitrailleuses.

Le régiment est cité à l'ordre du jour du 9ᵉ C. A.

« Le 1ᵉʳ et 2 novembre 1918, le 86ᵉ régiment, sous les ordres
« du lieutenant-colonel SAUTEL, a bravement attaqué sur la rive
« droite de l'Aisne de puissantes organisations allemandes, en a
« provoqué la rupture au prix de pertes sévères et a contribué
« ensuite à la poursuite de l'ennemi jusqu'à la Meuse faisant des
« prisonniers et capturant des mitrailleuses ».

Le 11 novembre 1918, le 86ᵉ est en secteur sur la Meuse, dont il
prépare le franchissement. Mais l'ennemi s'avoue vaincu et
demande grâce.

Du 14 août 1914, date inoubliable à laquelle il reçut le baptême
du feu, jusqu'au 11 novembre 1918, les soldats du 86ᵉ ont montré
la bravoure ancestrale des chasseurs des Ardennes. Au cours de
la sanglante épopée, ils ont combattu dans toutes les grandes
batailles. Dans cette lutte gigantesque, ils ont apporté leurs remar-
quables qualités de montagnards : la résistance, le sang-froid, le
calme et la ténacité. Partout, en toutes circonstances, l'ennemi a
trouvé en eux des adversaires redoutables.

Du 14 août 1914 au 27 août 1914, c'est la campagne de Lorraine.
Avec une fougue et un enthousiasme indescriptibles le 86ᵉ bouscule l'ennemi, pénètre en terre annexée et arrive le 20 août à
quelques kilomètres de Sarrebourg. Il se heurte alors à des forces
supérieures, et écrasé par une artillerie formidable, il est obligé
d'abandonner le terrain conquis, qu'il défend pied à pied.

En septembre 1914, le régiment se jette résolument à la poursuite de l'ennemi battu à la Marne et l'oblige à abandonner les bois
de Thiescourt. Mais l'ennemi se cramponne au terrain, il construit à la hâte des tranchées bétonnées, des abris blindés, contre
lesquels notre artillerie reste impuissante. Nos braves montagnards se font très rapidement à cette guerre de taupes; ils
comprennent la nécessité de s'enterrer et avec une activité inlas-
sable ils creusent le sol. Pendant de longs jours, des mois inter-
minables ils attendent en vain l'issue de ce drame.

Septembre 1915 apporte un rayon d'espoir. La nouvelle de nos
succès exalte nos braves auvergnats. Si calmes de nature, ils
discutent, ils parlent de la percée du front, de la défaite de l'Alle-

magne et ne demandent qu'à participer à l'attaque, qu'à bondir sur l'ennemi. Ce n'est pas leur tour ; ils continuent à assurer la garde de la vallée de l'Oise, la route de Paris.

Fin février 1916, c'est la ruée allemande sur Verdun ; l'ennemi a concentré devant cette place une armée considérable et accumulé une artillerie « kolossale » ; il veut à tout prix une victoire. Certain du succès, le Kronprinz lance ses bataillons à l'assaut. Les braves du 86ᵉ font partie de l'armée qui a l'insigne honneur de défendre la forteresse. Pendant douze jours, du 29 février au 13 mars, ils luttent héroïquement ; ils vivent dans un véritable enfer sous un déluge de mitraille ; ils souffrent, ils meurent ; mais l'ennemi ne passe pas et la citadelle meurtrie mais inviolée reste debout comme un défi jeté à la face du Kronprinz à jamais maudit.

Et cette armée de braves, que l'Allemagne comptait anéantir, se dresse plus forte que jamais, passe à son tour à l'attaque sur le front de la Somme.

Appuyée par une puissante artillerie et par une aviation nombreuse et audacieuse, elle inflige une sanglante défaite à l'ennemi.

Les soldats du 86ᵉ écrivent alors une belle page de leur histoire ; pendant quarante jours, ils se battent avec acharnement ; ils enlèvent brillamment Vermandovillers et s'élancent résolument à l'attaque d'Ablaincourt.

En 1917, le régiment conquiert de nouveaux lauriers.

Après avoir participé avec une belle activité aux préparatifs d'attaque, durant les mois particulièrement froids de janvier et de février, il se jette à la poursuite de l'ennemi.

En août 1917, le 86ᵉ est à la Cote 304 où la violence des combats dépasse alors tout ce que l'on peut imaginer.

En novembre et décembre, il revient pour la troisième fois à Verdun, devant le secteur de Louvemont, où il est inondé de gaz toxiques.

Enfin, pendant l'année 1918, l'année des angoisses, l'année des surprises et de la victoire, le 86ᵉ continue sa tâche glorieuse. En mai et juin, il fait partie des troupes qui arrêtent l'offensive ennemie sur la Marne. Pendant six jours, il combat vaillamment dans Olizy, Anthenay, Violaine, contre un ennemi très supérieur en nombre et grisé par le succès. Une citation à l'ordre de l'armée est la juste récompense des exploits accomplis.

Du 15 au 20 juillet, les braves du 86ᵉ luttent avec la plus héroïque ténacité sur la montagne de Reims et empêchent encore une fois l'ennemi de réaliser son audacieux projet.

Dès lors, l'aube de la victoire apparaît à l'horizon. Le maréchal Foch déclanche à son tour une formidable offensive ; l'ennemi, attaqué sur presque tout le front, est battu. Avec quel enthousiasme le 86ᵉ prend part à la poursuite en Champagne. Il rentre le premier dans Vouziers le 12 octobre 1918. Une deuxième citation à l'ordre de la quatrième armée récompense ses glorieux efforts.

Enfin, dans un nouvel et dernier élan, au début de novembre, le 86ᵉ bouscule l'ennemi accroché sur la rive droite de l'Aisne. La signature de l'armistice le trouve à quelques kilomètres à l'ouest de Sedan.

Une troisième citation à l'ordre du 9ᵉ corps d'armée vient couronner la magnifique campagne de ce régiment de braves.

Toute cette belle épopée se termine par la remise de la fourragère au drapeau. Le 10 janvier 1919 à Nancy, sur le cours Léopold, en présence d'une foule nombreuse et enthousiaste, le général de Mitry, commandant la VIIᵉ armée accroche la fourragère au drapeau du régiment décoré de la médaille d'Italie et de la Croix de guerre ornée de deux palmes et d'une étoile d'or.

Tel fut le rôle glorieux du 86ᵉ régiment d'infanterie durant la grande guerre, rôle dont il doit être fier. Mais que de sacrifices consentis ! Le 86ᵉ a très largement versé son sang pour la victoire, le chiffre de ses morts l'atteste.

La liste de ses héros morts au champ d'honneur est particulièrement éloquente.

Sans compter, ce beau régiment a donné ses enfants pour assurer le triomphe du droit et de la justice sur la barbarie.

Gloire aux vaillants soldats du 86ᵉ ! !

Gloire à ses héros morts pour la Patrie.

Gloire à vous, ô nos morts, qui dormez tout au long de cette « voie sacrée » de la Lorraine à la Somme.

Votre sacrifice sublime est inscrit pour toujours sur les tables de l'Histoire, votre souvenir restera éternel.

Juin 1919.

Capitaine A. BONNET.

OFFICIERS DU 86ᵉ RÉGIMENT D'INFANTERIE

Morts au Champ d'Honneur

Colonel.

Couturaud . . .   tué le 25 août 1914.   Saint-Blaise.

Lieutenant-Colonel.

Barral. . . . . .   tué le 24 août 1914.   Baccarat.

Chefs de Bataillon.

Oligschlager . .   tué le 25 août 1914.   Baccarat.
Peyre . . . . . .   tué le 17 septembre 1916.   Vermandovillers.
Fenestre . . . .   mort en captivité.

Capitaines.

Pichon. . . . . .   tué le 20 août 1914.   Sarrebourg.
Degoutin . . . .   tué le 20 août 1914.   Sarrebourg.
Souques . . . . .   tué le 25 août 1914.   Baccarat.
Tondeur. . . . .   tué le 25 août 1914.   Baccarat.
Girardet . . . .   tué le 18 septembre 1914.   Machemont.
Caillet . . . . .   tué le 17 septembre 1916.   Vermandovillers.
Guiguet . . . . .   tué le 17 septembre 1916.   Vermandovillers.
Sayn . . . .   tué le 17 septembre 1916.   Vermandovillers.
Groscolas. . . .   tué le 18 septembre 1916.   Vermandovillers.
Gomot. . . . . .   tué le 1ᵉʳ août 1917.   Côte 304.
Talobre . . . . .   tué le 30 mai 1818.   Anthenay.
Broegg . . . . .   tué le 1ᵉʳ novembre 1918.   Vandy.

Lieutenants.

Chailler. . . . .   tué le 20 août 1914.   Sarrebourg.
Cornut . . . . .   tué le 20 août 1914.   Sarrebourg.
Basset. . . . . .   tué le 25 août 1914.   Saint-Blaise.
Magnin. . . . . .   tué le 25 août 1914.   Baccarat.

CAMISOLLE. . . .	tué le 27 août 1914.	Roville-aux-Chênes.
SERRÉ	tué le 3 mars 1916.	Damloup.
SOULET.	tué le 12 mars 1916.	Fort de Vaux.
GROS	tué le 17 septembre 1916.	Vermandovillers.
AURIÈRE	tué le 10 octobre 1916.	Vermandovillers.
LAMBERT	tué le 4 avril 1918.	Vauquois.
COULAZOU	tué le 30 mai 1918.	Olizy.
AUBIGNAT	tué le 31 mai 1918.	Anthenay.
FOURE	tué le 17 juillet 1918.	Courmas.
SAVY	tué le 11 octobre 1918.	Croix des Soudans.
CHIFFLOT.	tué le 1ᵉʳ novembre 1918.	Vandy.

Sous-Lieutenants.

CLAIRET	tué le 10 septembre 1916.	Vermandovillers.
RIOCREUX	tué le 12 septembre 1916.	Vermandovillers.
AMILCAR	tué le 17 septembre 1916.	Vermandovillers.
BOUDON	tué le 17 septembre 1916.	Vermandovillers.
BOHAUD	tué le 10 octobre 1916.	Vermandovillers.
CLAUZET	tué le 10 octobre 1916.	Vermandovillers.
VACHER	tué le 10 octobre 1916.	Vermandovillers.
VOYER	tué le 15 octobre 1916.	Vermandovillers.
CREISSEL	tué le 2 juillet 1917.	Cote 304.
MARINIER	tué le 2 août 1917.	Cote 304.
ALLAIRE	tué le 30 mai 1918.	Anthenay.
CHOFFAT	tué le 31 mai 1918.	Anthenay.
PLO.	tué le 31 mai 1918.	Olizy-Violaine.
DENIS	tué le octobre 1918.	Marvaux.
BONNET.	tué le 11 octobre 1918.	Croix des Soudans.
FAUCHER.	tué le 11 octobre 1918.	Monthois.
CHANCEL	tué le 1ᵉʳ novembre 1918.	Vandy.

Médecin-Major de première classe.

CANEL	tué le 24 août 1914.	Baccarat.

Sous-officiers, Caporaux et Soldats.

Morts au Champ d'honneur.

Sous-officiers.	125
Caporaux	128
Soldats.	1508
Total . . , ...	1761

TABLE DES MATIÈRES

Le Puy. — Imprimerie Peyriller, Rouchon et Gamon, boulevard Carnot, 23.

www.ingramcontent.com/pod-product-compliance
Ingram Content Group UK Ltd.
Pitfield, Milton Keynes, MK11 3LW, UK
UKHW020020100726
13658UKWH00003B/1008